# ÉLEVER DES COCHONS... *pourquoi pas ?*

terre vivante

Depuis 1979, la Scop Terre vivante vous fait partager ses expériences en matière d'écologie pratique : jardinage bio, habitat écologique, alimentation saine, bien-être, consommation responsable, etc. à travers :

- l'édition de livres pratiques ;
- le magazine *4 saisons* ;
- des jardins écologiques proposant des stages pratiques ;
- un site Internet **terrevivante.org**

Livre éco-conçu

Terre vivante a réalisé en 2010 la première analyse du cycle de vie (ACV) d'un livre en France. Cette étude nous a permis d'identifier les impacts de la fabrication d'un livre sur l'environnement, dans l'objectif de les limiter. Pour en savoir plus : *Fabriquer des livres, quels impacts sur l'environnement ?* sur www.terrevivante.org

Le papier choisi pour cet ouvrage est issu de pâte vierge produite écologiquement en Europe à partir de forêts gérées durablement.

Ce livre est de plus imprimé en France, par un imprimeur soucieux de préserver l'environnement à travers des actions d'économie d'énergie, de valorisation des déchets, d'utilisation de produits moins nocifs pour la santé des travailleurs…

**Le catalogue des ouvrages publiés par Terre vivante est disponible sur simple demande et sur Internet.**

**Terre vivante**
169, chemin de Raud, 38710 Mens
Tél. 04 76 34 80 80
info@terrevivante.org
www. terrevivante.org

**Direction éditoriale :** Brigitte Michaud
**Coordination éditoriale :** Fabienne Vaslet
**Suivi de projet :** Julie Delaere
**Création graphique (intérieur et couverture) :** David Cosson (dazibaocom.com)
**Réalisation intérieure :** Marie Housseau
**Les photographies** sont de Sylvie La Spina, sauf : Clément Osé : p. 6 ; SAS Les Blancs de l'Ouest : p. 10, 54, 66, 105 (h. d et b.d.), 107 (b. g.), 113 ; Vanessa Martin : p. 70, 80, 83, 85 (b. d.) ; Pixabay : p. 15 h (Fraugun), p. 37 ph. 6 (Die Berlinerin), p. 62 (g. : Alicja ; d. : dyhuettner), 78 (Jai79), 79, 81 (Alexas_Fotos), 82 (Regenwolke0), 86 (Rollstein), 87 (Paul AndersonUK), 115 (PoldyChromos), AdobeStock : p. 36, ph. 1 (pix'A.M), ph. 2 (slowmotiongli), ph. 4 (Aurélie Stenman), ph. 5 (Christian Musat), p. 37 : ph. 3 (Michel Egloff2/Wirestock)
**Photogravure :** C'limage

ISBN : 978-2-36098-821-1 – ISSN : 2108-9515

# ÉLEVER DES COCHONS… pourquoi pas ?

REPRODUCTION • SOINS • TRANSFORMATION

SYLVIE LA SPINA

PRÉFACE DE NOÉMIE CALAIS

terre vivante

# SOMMAIRE

# PRÉFACE

Pourquoi donc élever des cochons, à l'heure où l'élevage est pointé du doigt pour son rôle dans le réchauffement climatique ? À l'heure où le véganisme pose la question de notre légitimité à tuer, ou pas, les animaux ? Il me semble qu'il est grand temps de remettre les pendules à l'heure, elles qui se sont déréglées tout au long du XXe siècle, au fil de l'industrialisation de l'agriculture : enfermé, invisibilisé, transformé en rouage mécanique, l'animal y a perdu son individualité à mesure que l'éleveur troquait sa sensibilité contre des impératifs de production toujours plus effrénés.

Redonnons à l'élevage une taille vivable, permettant de reconstruire la beauté de la relation millénaire qui unit l'humain à l'animal, ce lien de confiance tissé jour après jour dans une relation de respect et de soin ! Véritable fenêtre sur le vivant, l'animal nous pousse à prendre en compte la complexité de l'écosystème dans lequel nous co-évoluons. Élevez un cochon, et vous commencerez à voir le monde selon son prisme : vous replanterez des haies, des arbres, de la prairie. Vous irez à la rencontre de vos voisins pour récupérer des fruits abîmés, du petit-lait, des drêches et du son. Et ces mêmes voisins viendront s'émerveiller du rapport curieux et joyeux que le cochon entretient avec son monde, son paysage et ses congénères. Il n'y a plus qu'à franchir le pas… ! Le livre de Sylvie La Spina vous donne toutes les clés pour accueillir des cochons chez vous et leur offrir un cadre de vie optimal, que vous visiez l'autosuffisance ou une activité professionnelle. Nul doute que vous trouverez dans ces pages de quoi bâtir une relation à l'animal riche de liens, et riche de sens.

Reste l'épineuse question de la mort de l'animal. Qu'elle soit voulue ou naturelle, vous en porterez, en tant qu'éleveur, à la fois la responsabilité et le poids moral. L'acte de mort n'est jamais anodin, et nous pousse à repenser la place de l'animal dans son écosystème, pour que cette mort soit rare et circonscrite à la nécessité d'un équilibre harmonieux entre les composantes du vivant : sol, animal, végétal. Dans un monde aux ressources fossiles finies, les animaux sont nos plus précieux alliés pour fertiliser le sol sans intrants de synthèse, pour entretenir prairies et pâturages sans tracteurs… À l'aune de cette urgence écologique et de ce que Baptiste Morizot nomme une « crise de la sensibilité », c'est cette capacité à vivre *avec* le vivant et non contre lui qui nous donnera les clés pour préserver les conditions d'habitabilité de notre planète à long terme. Bien loin de la domination sur l'animal proposée par l'élevage industriel, il s'agit ici d'apprendre à *composer avec le vivant*, d'élever et de cultiver en conscience, en ayant le courage de la nuance.

L'élevage de petite taille, en plus de nous aider à reprendre en main notre autonomie alimentaire et matérielle, nous ouvre une porte philosophique et ontologique de premier plan : il nous donne la chance de nous reconnecter à la complexité du vivant, et de colorer notre monde d'une palette d'affects foisonnante, apte à nourrir nos corps et nos âmes.

Noémie Calais,
éleveuse de porcs noirs bio dans le Gers et co-autrice
de *Plutôt Nourrir – l'appel d'une éleveuse*
(avec Clément Osé, éditions Tana, 2022).

# AVANT-PROPOS

Des cochons dans mon jardin ? C'est une idée... pas si bête que ça ! Certes, il faut disposer d'un peu de place pour les accueillir dans de bonnes conditions, car il n'y a pas plus heureux qu'une paire de cochons en plein air, passant leurs journées à faire la sieste ou à fouir le sol en quête de quelques racines, vers, larves ou graines en tous genres. Nos petits compagnons sont assez gourmands ! Avec un plaisir largement exprimé, ils participeront au cycle de votre jardin en recyclant tout ce qui peut l'être, des « déchets » de culture ou d'élevage à ceux de vos assiettes. Ils apporteront une fumure intéressante pour votre potager, prépareront le sol pour de futures plantations et réguleront au passage la population d'ennemis de vos plantes, comme des larves ou des campagnols mangeurs de racines.

Pour celles et ceux qui recherchent une plus grande autonomie, pour gagner en résilience face aux aléas de l'approvisionnement alimentaire, ils sont aussi une source de nourriture fort intéressante : tout est bon dans le cochon ! Nous consommons en moyenne 34 kg de viande et de charcuterie par habitant et par an : la valorisation de deux porcs permet donc de nourrir environ six personnes sur une année. Sans compter que la qualité d'une viande produite chez vous surpassera largement les produits disponibles en grande surface... Lorsque vous y aurez goûté, vous n'en démordrez plus ! L'élevage industriel montre bien ses limites. Loin du béton des bâtiments surpeuplés et des mutilations nécessaires à leur vie en claustration, vos cochons auront chez vous la belle vie, quelle que soit leur destinée finale.

Enfin, profitons de ce moment passé en leur compagnie pour découvrir de plus près ces animaux extraordinaires. Leur intelligence vous surprendra, tout comme leurs marques d'affection si vous prenez soin de développer une relation amicale avec eux. Peu à peu, en observant leur comportement, vous comprendrez comment ils perçoivent leur environnement : un domaine insoupçonné !

Cet ouvrage vous donne toutes les clés pour envisager l'adoption temporaire ou à plus long terme de ces animaux attachants. Bonne découverte !

# Introduction

# DOMESTIQUE
## ET SAUVAGE À LA FOIS

Saviez-vous que le cochon domestique appartient à la même espèce que le sanglier? *Sus scrofa* L. est le nom latin de l'espèce (de *sus*, cochon et *scrofa*, truie). Un cochon peut donc se reproduire avec un sanglier en donnant une descendance fertile : ce sont les cochongliers (papa cochon) ou les sanglochons (papa sanglier). Ces hybridations arrivent accidentellement lorsque les cochons sont élevés en plein air.

La domestication du porc remonterait à 9000 ans avant J.-C. et se situerait au Proche-Orient. Cela correspondrait à la période de sédentarisation des humains, car cet animal est peu apte à la transhumance, qui était de mise chez les peuples nomades. Dans une économie de subsistance, sa facilité d'élevage et l'abondance de sa viande en ont fait un incontournable en Asie et en Europe. À travers la domestication, la sélection a permis de favoriser chez le porc un caractère plus docile et une meilleure production de viande. Il deviendra même apprécié comme animal de compagnie.

Le sanglier, frère de nos cochons domestiques.

Le cochon, un animal domestiqué proche de l'homme.

# UN AMI PROCHE DE L'HOMME

Le cochon est un animal fascinant à bien des égards. Malgré nos différences anatomiques (bien que nous ayons tous dans notre entourage quelques têtes de lard !), il est fort proche des humains. Des études ont révélé que nous partageons énormément de gènes en commun (95 %, selon un travail de recherche publié en 2012 dans la revue *Nature* – voir références en fin d'ouvrage) et que nos organes sont de taille et de forme très proches. Ceci explique pourquoi les cochons sont utilisés dans le domaine médical pour nous fournir des greffes (notamment les valves cardiaques), pour produire de l'insuline ou de l'héparine, un anticoagulant. La peau de cochon est même utilisée pour soigner les grands brûlés.

Élever des cochons, c'est avoir la chance de les observer quotidiennement et de comprendre leur comportement. Les chapitres qui suivent vous donneront les clés pour leur fournir les conditions idéales, répondant au mieux à leurs besoins physiologiques et comportementaux naturels. Vous y trouverez aussi des astuces pour les apprivoiser et nouer un lien avec eux.

Élever des cochons est l'opportunité de se rapprocher de ces animaux sensibles et de mieux les comprendre.

# LEUR PLACE ET LEUR RÔLE AU JARDIN

Dans les siècles passés, à la campagne, chaque maison était une petite ferme et hébergeait quelques cochons. Vous le verrez, ces animaux participent à leur manière à la vie d'un grand jardin en contribuant au recyclage, en apportant une aide au labour et à la gestion de certains indésirables, en fertilisant les cultures et en mettant de l'animation et de la bonne humeur !

## DES RECYCLEURS HORS PAIR

Les restes d'aliments, les déchets de cuisine, les résidus de la fabrication de bière familiale, le son ou le petit-lait font partie de l'alimentation donnée aux porcs depuis le début de leur domestication. Ce que l'homme ne consomme pas, le cochon le valorise ! Cela permet de réduire le volume des « ordures » et d'obtenir une viande à bas coût. C'est ainsi que certaines villes étaient connues pour leurs cochons éboueurs : New York, et même Paris, ce qui, au XIIe siècle, provoqua d'ailleurs la mort du roi Philippe, fils du roi Louis VI le Gros, à la suite d'une collision de charrette avec des cochons en divagation.

Dans le chapitre consacré à l'alimentation, nous vous expliquerons comment tirer avantage de la gourmandise des porcs pour les nourrir à moindre frais tout en respectant bien entendu leurs besoins alimentaires.

## FERTILISATION

Les porcs contribuent à nourrir les sols à l'aide de leurs déjections. Leur lisier étant très riche en azote et acide, on préférera le composter avec leur litière ou toute autre matière carbonée avant de l'apporter sur les terres de culture. La valeur fertilisante du fumier de porc dépend de la nature et de la quantité de litière à leur disposition et de l'alimentation qui leur est donnée. Un lisier récolté lors de la phase d'engraissement en élevage industriel dose 4,5 kg par tonne d'azote, 3 kg par tonne de potassium et 2,3 kg par tonne de phosphore. Il contient aussi du cuivre, du zinc, du manganèse et du fer, des oligoéléments intéressants pour les plantes. Les cochons sont généreux : chacun produit environ 0,6 m³ de fumier par mois ainsi que 40 à 50 litres de purin.

Recyclage par les porcs de résidus de cultures chez un maraîcher.
Déjections solides d'un porc.

Marée verte.

### Élevages de porcs et environnement

Si la gestion du lisier de porc est facile à petite échelle, il en va autrement dans les élevages industriels. Ainsi, la Bretagne est malheureusement connue pour la prolifération d'algues vertes causées par les nitrates émis par les élevages intensifs. Un porc relargue dans ses déjections 60 % de l'azote ingéré. Les solutions visent à mieux équilibrer la ration alimentaire des porcs à leurs besoins, à composter les lisiers pour réduire les pertes, et à mieux gérer l'épandage des lisiers pour éviter les fuites dans l'environnement. En 2010, le ramassage des quelque 70000 tonnes d'algues a coûté environ 700000 euros à la collectivité.

## DES LABOUREURS PROFESSIONNELS

Vous souhaitez remettre en culture une parcelle enherbée ? Ne vous embêtez plus avec le motoculteur ou la grelinette et mettez les cochons sur le coup ! Avec leur groin musclé, ce sont les rois du fouissage. Ils commenceront par brouter un peu d'herbe à la manière d'une vache (mais sans rumination), puis ils soulèveront de leur groin des mottes d'herbe pour un travail en surface. Si vous les laissez plus longtemps dans la parcelle, ils entameront le travail plus en profondeur, mais dans ce cas, prévoyez un nivellement du sol après leur passage ! Leur labour étant assez rapide, n'hésitez pas à les éloigner ensuite de la parcelle pour les garder dans un enclos dédié, dont ils travailleront le sol plus intensivement.

Le travail des porcs étant plutôt grossier, n'hésitez pas à faire passer après eux les poules pour un émiettage plus superficiel, ou les oies, qui extirperont de la terre des racines de chiendent dont elles raffolent !

**Deux jeunes porcs au travail, et consentants ! Après le labour d'une parcelle, on continue avec la suivante. Après le passage des cochons, c'est au tour des poules et des oies.**

Si le travail du sol par les cochons est le bienvenu, n'oubliez pas les règles de base : couvrez le sol après leur passage pour éviter l'érosion ou la formation d'une croûte de battance après de fortes pluies ! Le meilleur paillage sera végétal : paille, foin, feuilles apporteront du carbone qui rééquilibrera le sol, et de la matière organique qui fera revenir les vers de terre et boostera la vie du sol, un peu perturbée après ce chantier !
Lors de leurs fouilles en profondeur, les porcs pourraient bien rencontrer quelques indésirables souterrains, comme les campagnols, les larves de taupins ou autres ravageurs des racines. C'est tout bénéfice pour la culture suivante !

## UNE ROTATION AVEC LES PORCS

Si vous avez un terrain suffisamment grand, vous pouvez envisager de prévoir une rotation entre l'élevage de porcs et les cultures. L'enclos qui aura accueilli vos cochons pendant quelques mois sera en effet fertilisé et retourné. Couvrez bien le sol pour l'hiver avec une litière de paille ou d'un autre matériel végétal, puis installez-y au printemps des cultures gourmandes comme des pommes de terre, des Cucurbitacées ou des choux. L'année suivante, vous pourrez réinstaller des cultures nécessitant une fertilisation modérée. Selon vos souhaits, vous pouvez ainsi tourner avec trois ou quatre enclos accueillant chaque année ou tous les deux ans des cochons. Vous pouvez aussi intégrer des poules dans la rotation.

## RELATIONS AVEC D'AUTRES ANIMAUX

Méfiez-vous du caractère omnivore de nos chers laboureurs : ils pourraient bien dévorer les précieux œufs de vos poules, canes et oies, ou croquer un animal très distrait ! Il vaut mieux garder les cochons à part de la ménagerie, qui préférera d'ailleurs l'herbe des enclos voisins.

Les cochons seront tenus dans des enclos séparés de ceux des volailles pour éviter tout accident.

# QUELQUES REPÈRES ÉCONOMIQUES

Voici une idée de budget à prévoir pour l'élevage de deux cochons, entre le sevrage et le poids d'abattage.

## L'ACHAT DE PORCELETS

Pour l'achat de porcelets sevrés, comptez entre 70 et 120 € en moyenne par animal, selon la race, le mode d'élevage (bio, plein air, conventionnel) et le fournisseur.

## L'ALIMENTATION

Au niveau alimentaire, le prix varie en fonction de ce que vous leur donnez. Si vous optez pour un aliment complet sous forme de granules ou de farines, comptez entre 0,5 et 1,5 € par kg selon la qualité (bio ou non) et le fournisseur, en sachant qu'un animal consomme de 200 à 300 kg jusqu'au poids d'abattage (pour les races habituelles). À titre de comparaison, une truie consomme 1 500 kg d'aliment par année. Pour réduire les coûts alimentaires, jonglez avec du petit-lait, du son et des sous-produits de votre potager qui diversifient les éléments apportés et ne coûtent (quasiment) rien. Veillez à l'équilibre de la ration (voir p. 61).

# LES INFRASTRUCTURES

Le coût des infrastructures (abri, clôture…) varie selon ce qui est déjà existant chez vous et les possibilités de récupération de matériel. Pour 300 m de fil électrifiable, comptez environ 50 €. On trouve des électrificateurs sur secteur, sur batterie ou solaires pour 100 € environ. Comptez quelques euros pour les piquets et isolateurs. Pour l'abri, pensez à la récup ! Palettes, vieilles tôles ainsi que quelques clous et vis seront utiles. Si vous recherchez un abri haut de gamme, les Technigîtes® de l'entreprise Plein Air Concept (à retrouver sur Internet), petites yourtes spécialement construites pour les porcs, se vendent à partir de 1 000 €. Pensez également aux bassines pour l'alimentation et l'abreuvement : une auge souple coûte par exemple 15 € environ.

# L'ABATTAGE ET LA PRÉPARATION DE LA VIANDE

Un abattoir demande environ 15 à 30 € pour l'abattage d'un porc. Certaines structures proposent un ramassage des animaux, avec des tarifs très variables, mais ce service n'est pas courant pour les particuliers ayant de faibles besoins. Pour la découpe, comptez entre 0,5 et 1 €/kg. Le conditionnement sous vide, la mise en barquettes ou la congélation coûtent en moyenne 1 € supplémentaire du kilo. Pour les préparations, les tarifs varient de 1,30 à 3 €/kg fabriqué.

**Le Technigîte®, un abri répondant aux besoins des cochons.**

# LES ACCUEILLIR EN OPTIMISANT LE BIEN-ÊTRE ANIMAL

Pour avoir des cochons heureux, il est nécessaire de respecter les 5 piliers du bien-être animal :

1. L'absence de soif, de faim et de malnutrition.
2. L'absence de maladie ou de blessure.
3. La présence d'un confort thermique, de couchage et de mouvement.
4. L'absence de peur et d'anxiété.
5. La possibilité d'exprimer des comportements sociaux, naturels et des émotions positives.

En cas de souffrance physique ou psychologique, les animaux vont présenter d'abord des troubles du comportement, puis on observera une baisse de la productivité (croissance, fécondité…) et enfin l'apparition de maladies. Dans les prochains chapitres, vous trouverez toutes les clés pour assurer à vos animaux un bien-être optimal. À vous de jouer !

Il n'y a rien de plus beau que des porcs heureux !

# Ce qu'il faut SAVOIR AVANT de les ACCUEILLIR

# FAISONS CONNAISSANCE

## PAS SI BÊTE !

Vous serez étonné par l'intelligence des cochons : des biologistes la considèrent supérieure à celle des chiens, ou équivalente à celle de nos cousins chimpanzés ! Ils ont une excellente mémoire spatiale et retiennent où se situent les meilleures sources de nourriture. Si un congénère prend l'habitude de voler son repas, le cochon a la faculté de le cacher en lieu sûr, pour ensuite le retrouver quand il le souhaite. Les amateurs de cochons de compagnie témoignent de leur capacité à apprendre à utiliser une litière pour leurs besoins. Ces animaux sont joueurs, avec des balles, des bâtons, sautillent et se poursuivent dans des courses effrénées.

## CARACTÈRE DE COCHON ?

Et point de vue caractère, qu'est-ce que ça dit ? Tout va dépendre de votre comportement à son égard. Apprivoiser un cochon est assez facile : il faut favoriser les interactions positives avec lui, comme les distributions de nourriture, les gratouilles – pour le combler de plaisir, préférez la base de la queue plutôt que le cou –, les moments de présence calme. En élevage, il arrive d'avoir des interactions négatives, donc stressantes, quand il est nécessaire d'attraper l'animal pour le manipuler. Lorsque vous vous approchez d'un porc, rien ne lui échappe : votre posture, votre voix, votre odeur, vos gestes, vos expressions faciales… Il tente de décoder vos intentions. Selon son niveau de confiance, il va vous accueillir, rester indifférent ou fuir.

Le cochon est capable de vous distinguer d'autres humains, mais il peut généraliser les expériences avec d'autres

Le cochon vous reconnaît à la vue, à l'ouïe et à l'odorat. Si les animaux courent vers vous à votre approche, c'est que vous avez réussi à créer un lien positif avec eux !
La neige n'arrête pas les cochons dans leurs jeux.

humains : un cochon qui a été battu sera méfiant pendant longtemps, mais on peut le rassurer peu à peu et instaurer la confiance. Les émotions passent même *in utero* : les futurs porcelets développeront plus de confiance ou de méfiance selon les expériences de leur maman. Vous pouvez développer une relation positive au point que votre présence sera rassurante pour les cochons dans les situations stressantes.

# Décoder leur langage

Les porcs sont bavards comme des pies ! Vivant à l'origine dans les forêts, ils utilisent des sons pour communiquer à distance. L'évolution les a dotés d'une gamme de vocalisations très élaborées que des chercheurs ont essayé de décoder. Ils ont observé que les émotions positives sont associées à des vocalisations plus courtes et plus constantes. Un programme ayant recours à l'intelligence artificielle va même beaucoup plus loin, en identifiant, sur base du son émis, la situation de l'animal parmi 19 contextes différents, par exemple, une course (jeu), une bagarre, une contrainte physique, faire face à un objet inconnu, etc. Ouvrez donc grand les oreilles face à vos animaux : ils ont beaucoup de choses à vous dire !

## BASES SENSORIELLES

Pour comprendre le comportement de vos cochons et adopter les bonnes attitudes, il est important de bien connaître leur perception de l'environnement, qui passe par les cinq sens.

**L'audition** est plutôt bonne, et même plus sensible que la nôtre, car le cochon peut entendre les ultra-sons. Il reconnaît aisément les voix familières. La taille des yeux en dit long sur **la vision** : le porc ne voit pas bien, notamment sur les côtés. Myope, il estime mal les distances et la profondeur, mais il perçoit aisément les couleurs. Le porc préférera que vous l'approchiez de face plutôt que de côté et sera rassuré par une posture assise plutôt que debout, ainsi que par des mouvements lents.

Le sens le plus aigu du cochon, trahi par la taille du groin, est sans conteste **l'odorat** ! Il possède en effet 4 fois plus de gènes impliqués dans l'odorat que les humains. Cette qualité lui permet de chercher sa nourriture en fouillant le sol, et en fait un valeureux chasseur de truffes. Il reconnaîtra sans difficulté votre odeur et les molécules que vous émettez inconsciemment et qui reflètent votre humeur.

Selon des recherches récentes, les porcs ont moins de récepteurs du **goût amer** que les humains et les gènes impliqués dans la perception de certains goûts sucrés sont différents chez le porc et chez l'homme. Le cochon peut ainsi avaler des aliments très salés ou considérés comme répugnants par l'homme.

1 Avec de si grandes oreilles, il n'est pas étonnant que le porc ait une très bonne ouïe !

2 La vue n'est pas la meilleure faculté du porc, en témoignent ses petits yeux.

3 C'est sans conteste l'odorat qui est le sens le plus poussé chez le cochon. Avec son groin grand et puissant, il passe le plus clair de son temps à sentir et fouir.

4 Grouik, grouik ! Nos animaux nous parlent, mais que veulent-ils dire ?

# BESOINS COMPORTEMENTAUX

Pour élever des cochons heureux, il est indispensable de prendre en compte leurs besoins comportementaux. Et le plus grand instinct chez eux, c'est de fouir. Laissez-les donc labourer le sol, retourner la paille, mâchouiller des morceaux de bois à volonté, et renouvelez les objets de plaisir, car ils ont aussi besoin de nouveauté. Des éleveurs consciencieux leur proposent même des ballons pour les inciter à jouer.

Ce besoin de fouir et de mastiquer peut déranger certaines personnes, c'est la raison pour laquelle on met parfois un anneau dans le groin de l'animal. Quelle tristesse ! En élevage intensif, les porcs, ne trouvant d'autre substrat que le béton, ont tendance à grignoter… la queue de leurs congénères, parfois même les oreilles, occasionnant de graves blessures. Pour y remédier, l'industrie a décidé d'autoriser la coupe des queues, des oreilles et le limage des dents. Non seulement ces opérations sont reconnues douloureuses pour les porcelets, mais en plus, les animaux sont malheureux de ne pas pouvoir satisfaire leurs besoins naturels !

## À quoi passent-ils donc leur temps ?

Principalement diurne contrairement à son frère sauvage, le sanglier, le cochon passe environ la moitié de son temps à fouir et manger. Ses activités secondaires sont le déplacement, le repos et les contacts sociaux.

Le besoin de fouir est souvent ignoré dans les élevages où les cochons sont élevés sur du béton.

La queue intacte d'un cochon élevé en plein air dans de bonnes conditions.

# CONSTITUER SA TROUPE

## UN ANIMAL SOCIAL

L'expression « copains comme cochons » en dit long sur le besoin des porcs de vivre en groupe. En liberté, les groupes sont constitués de 2 à 6 adultes accompagnés de leurs jeunes. Les porcs peuvent reconnaître et se souvenir de 20 à 30 congénères différents ! N'adoptez donc jamais un individu seul, il serait malheureux ! Comme de nombreux animaux domestiques, la présence d'un animal d'une autre espèce peut combler un vide (en espérant que ce ne soit pas celui de l'estomac !), mais ce n'est pas gagné d'avance, car le cochon doit l'identifier comme un congénère.

Attention toutefois, mettre en contact des cochons qui n'ont pas grandi ensemble est une opération délicate, car ils vont avoir tendance à s'agresser. C'est la raison pour laquelle les éleveurs professionnels font rapidement des groupes d'animaux du même âge et du même sexe, et les laissent ensemble autant que possible. Même dans les abattoirs, les « lots » de cochons ne sont pas mélangés afin de réduire le stress.

Sauf si vous souhaitez en consommer la viande, l'adoption de cochons est un engagement à long terme : leur espérance de vie est de 15 à 20 ans.

Copains comme cochons !
Ils adorent se coucher les uns contre les autres.

# CHOISIR LA RACE

Choisissez la race que vous souhaitez élever en fonction de plusieurs critères : son caractère (docilité), sa rusticité (résistance aux maladies), sa taille (les races naines sont plus appréciées comme cochons de compagnie), sa capacité à fournir de la viande, et sa bouille (certains adorent les oreilles tombantes, d'autres les cochons laineux!). Il y en a pour tous les goûts!

Le choix d'une race locale protégée permet de participer à la sauvegarde du patrimoine génétique et de lutter contre l'homogénéisation des élevages. L'intensification de l'élevage dans les fermes amène à se concentrer sur un faible nombre de races très productives, généralement croisées entre elles pour profiter de l'effet d'hybridation. Parallèlement, les élevages ménagers se raréfient, et avec eux les effectifs des anciennes races campagnardes plus rustiques. Inversons la tendance!

Les races rustiques ont pour la plupart une alimentation basée sur les ressources naturelles locales. Ces races sont associées à une région ou une zone géographique bien déterminée et ne sont élevées qu'à cet endroit. D'ailleurs, les caractéristiques d'une race locale sont adaptées aux contraintes saisonnières ou aux particularités du lieu : région montagneuse, rudesse du climat…

Les races les plus répandues en élevage professionnel sont les races Large white, Landrace, Piétrain et Duroc. Les races locales françaises à sauvegarder sont reprises dans un arrêté du 27 février 2018. Il s'agit des races suivantes : Cul noir limousin, Pie noir du Pays basque (Kintoa), Porc blanc de l'Ouest, Porc de Bayeux, Porc gascon, Porc de Corse (Nustrale) et Créole de Guadeloupe. On recense aussi une quinzaine de races disparues.

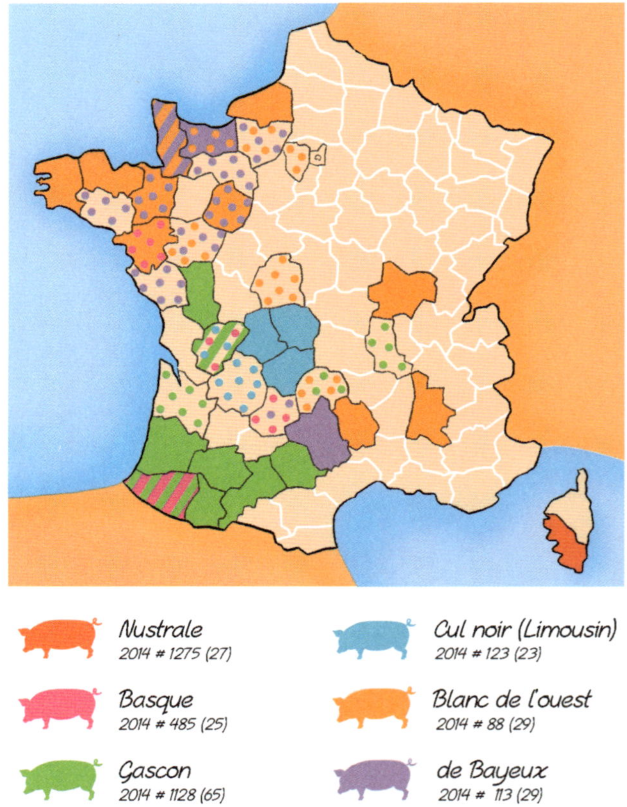


Carte des races locales porcines françaises.

Vous pouvez contribuer à la sauvegarde de la diversité génétique du porc en privilégiant une race locale. La carte ci-contre indique la présence de ces races par département français (en hachuré, les hautes densités, en pointillés, les plus faibles densités, code couleur par race). Leur lieu d'élevage actuel correspond le plus souvent à leur origine, là où les porcs ont été sélectionnés pendant des générations. Ceci vous donne une idée du terroir auquel ils sont adaptés : zones montagneuses aux climats contrastés et nécessitant de bons aplombs, zones de plaines où prédominent l'élevage laitier et les céréales, dont étaient nourris les animaux, zones plus forestières où glands et châtaignes abondaient…

Un recensement des élevages de races locales a été réalisé en 2014. Les porcs en situation critique à cause de leurs faibles effectifs étaient alors le Blanc de l'Ouest (88 individus chez 29 éleveurs), le porc de Bayeux (113 individus chez 24 éleveurs), le Cul noir limousin (123 individus chez 23 éleveurs) et le porc basque (485 individus chez 25 éleveurs). Dans une situation difficile, on retrouvait également le porc Gascon (1 128 individus chez 65 éleveurs) et le porc Corse (aussi appelé « Nustrale ». 1 275 individus chez 27 éleveurs). La répartition des races de porcs est actuellement concentrée sur l'Ouest de la France. Auparavant, des races locales abondaient également dans les autres régions. La Lorraine, la Marseillaise, la Noire de Bugey, la Tarentaise, la race de Bourdeaux (ou Drômoise), la Bressane ont aujourd'hui disparu à la suite d'abandon de l'élevage porcin extensif dans ces zones moins favorables à leur élevage. La région Est est en effet moins propice à la culture des céréales qui constituent l'aliment le plus économique pour l'élevage industriel. Ce territoire est dépourvu de zones portuaires bénéficiant de l'importation de céréales. Étant donné leur intérêt du point de vue génétique et patrimonial, la race de Bourdeaux et la Bressane sont en cours de « reconstruction » par l'Institut National de Recherche Agronomiques (INRAe, projet Div-Porcs Aura) en croisant différentes génétiques de porcs pour retrouver les types anciens.

## Le développement de filières de qualité pour sauver les races

Ces dernières années, des filières de valorisation de la viande porcine de races locales se sont développées. Les cahiers des charges de ces filières labellisées s'appuient sur le caractère rustique et adapté au terroir des animaux, mais aussi sur divers arguments de qualité : élevage en plein air, alimentation régionale sans OGM et nature de l'alimentation (herbe, céréales, glands, châtaignes…), âge d'abattage tardif (12 mois pour le Porc gascon « noir de Bigorre », 16 mois pour le Cul noir limousin), fabrication traditionnelle avec maturation lente, utilisation de sel marin uniquement comme conservateur pour le porc Corse (Nustrale)…

**Tableau comparatif des races**

| | | Origine | Hauteur au garrot | Poids adulte | Robe (couleur, pilosité) | Oreilles | Précocité (âge de maturité sexuelle) | Prolificité (porcelets / portée) |
|---|---|---|---|---|---|---|---|---|
| Classiques | Large White | Angleterre | 100-105 cm | 320-380 kg | Uniformément blanche | Dressées | | 14,9 porcelets |
| Classiques | Landrace | Pays nordiques | 90-95 cm | 300-350 kg | Uniformément blanche | Tombantes | +++ | 13,7 porcelets |
| Classiques | Piétrain | Belgique | 80-85 cm | 220-280 kg | Blanche à taches noires à rousses | Dressées | +++ | 10,4 porcelets |
| Classiques | Duroc | États-Unis | 100-120 cm | 240-300 kg | Dorée à rouge brique | Tombantes | | 8,2 porcelets |
| Locales | Cul noir Limousin | Limousin | 75-80 cm | 150-200 kg | Blanche à grandes taches noires, notamment à l'arrière-train | Semi-dressées | | 8 porcelets |
| Locales | Pie noir du Pays Basque | Pays Basque | 70-75 cm | 150-200 kg | Corps blanc parsemé de grandes taches noires | Tombantes | | 8 porcelets |
| Locales | Blanc de l'Ouest | Normandie – Bretagne | 105-110 cm | 350-400 kg | Peau uniformément blanche, à poils blancs | Tombantes | +++ | 8-9 porcelets |
| Locales | Porc de Bayeux | Normandie | 80-90 cm | 300-350 kg | Blanche tachetée de noir avec une pilosité abondante | Courtes légèrement tombantes | | 11 porcelets |
| Locales | Porc gascon | Gascogne | 70-75 cm | 250-300 kg | Entièrement noir et très poilu | Longues et tombantes | | |
| Locales | Porc corse | Corse | 60-65 cm | 160-220 kg | Robe sombre et poilue | Tombantes à semi-dressées | | 6-8 porcelets |
| Autres | Mangalitza | Autriche – Hongrie | 65-80 cm | 120-200 kg | Porc laineux de couleur jaune-grisâtre à brun-noirâtre | Semi-dressées | | 8 porcelets |
| Autres | Mei-Shan | Chine | 60-70 cm | 230-250 kg | Peau ridée et sombre | Longues et tombantes | +++ | 16 porcelets |

## Tableau comparatif des races

| Qualités maternelles | Viande | Caractéristiques de l'élevage | Effectifs |
|---|---|---|---|
| +++ | Croissance rapide | Adapté au plein air (avec abri), membres robustes | 60 % des porcs de France |
| +++ | Croissance rapide | | 30 % des porcs de France |
| | Viande maigre et bon rendement boucher | Certaines lignées sont sensibles au stress | Commun |
| - | Très bonne qualité | Rustique et résistant au stress, mais mâles souvent agressifs | Commun |
| | Épaisseur de lard très importante (12-15 cm !), viande savoureuse | Rustique et alerte, valorise traditionnellement les parcours sous châtaigniers et chênes | Une centaine de truies de pure race en 2014 |
| | Chair ferme et savoureuse, renommée des jambons de Bayonne et autres salaisons du Sud-Ouest, AOP Kintoa | Rustique, cherche sa nourriture dans les champs et les bois, robuste par rapport aux conditions climatiques | Près de 500 truies de pure race en 2014 |
| +++ | Bonnes aptitudes bouchères | Valorise bien une alimentation à base de céréales, fourrages grossiers et sous-produits laitiers | Moins de 100 truies de pure race en 2014 ! |
| +++ | Chair de très bonne qualité | Rustique et valorise très bien les céréales, fourrages et produits laitiers de la ferme. | Une centaine de truies de pure race en 2014 |
| | Lard ferme, viande persillée, savoureuse et de bonne qualité, valorisée notamment par la filière « Noir de Bigorre ». | Rustique et vigoureux, très calme. Supporte très bien la chaleur et se nourrit facilement en prairie sans accumuler trop de gras. | Plus de 1 000 truies de pure race en 2014 |
| | Abattu vers 18 mois, il donne une viande d'excellente qualité : depuis 2012, trois produits de charcuterie issus de porcs Nustrale ont obtenu une AOC (Appellation d'Origine Contrôlée). | Traditionnellement élevé l'été dans les pâturages de montagne. En automne, se nourrit de glands et de châtaignes. Supporte bien les climats extrêmes liés aux conditions en altitude. | Plus de 1 000 truies de pure race en 2014 |
| +++ | Croissance lente (au moins 2 ans avant abattage), viande au goût marqué | Peu exigeant sur la qualité du fourrage, supporte bien le froid. Besoin d'espace et d'exercice. | |
| +++ | Croissance lente, graisse de qualité, mais faible rendement en viande | Calme et de bonne humeur | |

1

2

4

5

1 Porcs Cul noir.
2 Porcs Pie noir du Pays basque.
3 Porc Duroc.
4 Porc gascon.
5 Porcs de Bayeux
6 Porc Mangalitza.

# ÂGE ET SEXE

Lors du démarrage de votre élevage, vous aurez le choix entre des femelles, des mâles entiers ou des mâles castrés, des animaux jeunes ou des adultes. Comment se décider ?
Les porcelets sont moins coûteux, plus faciles à manipuler (pour les ramener et les installer chez vous) et à éduquer (propreté, lien avec l'éleveur), tandis que des adultes peuvent avoir un caractère plus affirmé. Il vaut mieux choisir des animaux sevrés, soit ayant minimum 8 semaines, car l'étape du sevrage est délicate, le lien maternel étant important, comme chez tout animal.
Si vous choisissez des mâles, sachez qu'un mâle entier peut être plus agressif, plus entreprenant (de vrais cochons !), et que leur viande peut être contaminée par l'odeur de verrat (nous en parlerons davantage dans le chapitre consacré à la valorisation de la viande). La castration permet d'éviter ces soucis, mais doit être pratiquée d'une manière respectueuse des animaux. Les femelles sont légèrement plus petites et plus légères que les mâles. Pour la valorisation de la viande, il faut éviter d'abattre les truies pendant leurs chaleurs, cela peut influencer le goût de la chair.
Si vous choisissez de mêler mâles entiers et femelles, gardez à l'esprit qu'ils peuvent arriver à maturité sexuelle vers l'âge de 6 mois, la précocité dépendant de la race (voir tableau p. 34-35).
La castration est de préférence réalisée sur des porcelets de moins de 7 jours, car l'opération est alors plus facile. En agriculture biologique, les éleveurs ont obligatoirement recours à une anesthésie locale et à une analgésie. Sous la pression de mouvements de protection animale, la castration chimique (ou immunocastration) s'est généralisée dans les élevages intensifs, mais des doutes subsistent sur son innocuité pour les animaux (effets secondaires) et sur la viande, si bien que cette technique est encore interdite en bio. Des recherches sur l'élevage des mâles entiers et sur la détection de l'odeur de verrat sur la viande de porcs non castrés sont en cours. Si elles aboutissent, la castration pourrait ne plus être nécessaire.

Porc non castré.

## La castration des porcs

La castration des porcelets mâles fait beaucoup parler d'elle ces dernières années. En effet, cette pratique s'exécutait souvent « à vif », sans aucune précaution d'anesthésie ou d'analgésie (lutte contre la douleur). Il a aujourd'hui été démontré que cette opération était douloureuse pour les animaux, parfois pendant 4 jours.

# LE CHOIX DES INDIVIDUS DE DÉPART

Lors de la visite de l'élevage pouvant vous fournir des animaux, soyez attentif à leurs conditions de vie : démarrez du bon pied avec des porcs en bonne santé et bien dans leur tête ! Vérifiez la qualité de l'abri, la propreté des installations, l'absence de blessures sur les animaux, leur embonpoint (évitez les animaux maigres ou en surpoids) et leur état général (vivacité, etc.). Leur sociabilité peut être jaugée à la manière dont ils réagissent à l'approche de l'éleveur : curiosité, indifférence ou fuite ? N'hésitez pas à visiter différents élevages pour vous forger une opinion.

**Porcelets de 8 semaines.**
**Deux petits cochons très curieux.**

# PRÉPARER LEUR ARRIVÉE

## LES DÉMARCHES ADMINISTRATIVES

En France, il n'est pas nécessaire de demander une autorisation pour acheter et détenir un animal domestique (dont le porc fait partie). En revanche, la détention est soumise à un certain nombre d'obligations. Ce sont les services de la Direction départementale de la protection des populations (DDPP) du département dans lequel vous vivez qui sont chargés de faire respecter la réglementation concernant les cochons, que ce soient des cochons d'élevage ou des cochons « de compagnie ». Ces services dépendent du ministère de l'Agriculture.
La réglementation impose, pour les professionnels et les particuliers, et dès un seul animal détenu, une déclaration d'exploitation et de site d'élevage, la pose de boucles d'identification sur les oreilles des animaux et des tests de prophylaxie (dépistage de maladies telles que la maladie d'Aujeszky et le syndrome dysgénésique et respiratoire du porc – SDRP – selon les départements). Des normes de biosécurité s'appliquent également aux éleveurs particuliers et professionnels.

L'identification du porc est une obligation en France depuis 1980. L'éleveur ou un vétérinaire appose une boucle jaune ou un tatouage à l'encre foncée à l'oreille,

L'identification des porcs est obligatoire, même pour un seul animal.

### Normes de biosécurité

En France, un arrêté « biosécurité », publié le 16 octobre 2018, précise les mesures applicables à tous les éleveurs. Il instaure une obligation de déclarer les animaux et de désigner un vétérinaire sanitaire, de protéger les cochons des contacts avec les sangliers et la faune sauvage (double clôture en extérieur, propreté, mesures contre la présence de rongeurs, oiseaux et insectes dans l'enclos et les abris…), de mettre en place des mesures d'hygiène (limitation des personnes autorisées à entrer en contact avec les animaux et leur milieu de vie, vêtements spécifiques, désinfection des bétaillères…), d'évacuer rapidement via les systèmes d'équarrissage les cochons morts…
Pour les élevages commerciaux, des mesures plus strictes sont en vigueur : disposer d'un enclos de quarantaine, d'un quai d'embarquement et de débarquement des animaux, mettre en place un plan de biosécurité…
Pour plus d'informations, consulter le site internet https://biosecurite.ifip.asso.fr/. Des mesures similaires existent en Belgique : https://www.favv-afsca.be/ppa/mesures/biosecurite/.

avec le numéro du site d'élevage et un numéro individuel pour les reproducteurs. Le but de l'identification est d'éviter les risques de transmission de maladies aux élevages de cochons dits « de ferme » ou aux humains (maladies transmissibles à l'homme). En effet, l'identification des animaux permet d'interdire leur déplacement, leur vente ou leur abattage dans les cas de quarantaine, lorsqu'une maladie contagieuse se déclare dans l'élevage.

Conformément à l'arrêté du 5 juin 2000, les éleveurs doivent disposer d'un registre d'élevage, conservé pendant 5 ans, comprenant plusieurs parties : caractéristiques de l'exploitation, informations concernant l'encadrement zootechnique, sanitaire et vétérinaire de l'exploitation pour chaque espèce animale, mouvements des animaux (entrées et sorties consignées dans les 7 jours), entretien et soins apportés aux animaux (ordonnances notamment), alimentation des animaux, copie des documents d'accompagnement[1].

De façon similaire, en Belgique francophone, il est nécessaire de déclarer son activité à l'Association régionale de santé et d'identification animales (ARSIA) afin d'obtenir un numéro de troupeau. Les porcs doivent également être bouclés dans leur ferme d'origine, et accompagnés, lors de la vente, par un document de transport. Le propriétaire doit tenir à jour un registre d'exploitation. Les animaux font régulièrement l'objet de la visite d'un vétérinaire de l'Agence fédérale pour la sécurité de la chaîne alimentaire (AFSCA).

En cas d'élevage avec reproduction des porcs, des mesures plus strictes peuvent être en vigueur. Il vaut alors mieux consulter son organisme local de suivi (DDPP ou ARSIA) pour vérifier la législation en vigueur.

1 Pour plus d'informations : Articles D121-34 à D212-45 du Code rural et de la pêche maritime – Dispositions spécifiques aux porcins) – https://www.legifrance.gouv.fr/codes/id/LEGISCTA000006193362/

# ABRIS

## Se protéger des conditions extérieures

Un abri est indispensable pour permettre aux porcs de se protéger des conditions extérieures. Ces animaux sont en effet sensibles aux températures extrêmes. Ils ont peu de moyens de se protéger du froid, ne disposant que de peu de pilosité aux vertus isolantes. Par ailleurs, la sélection des races porcines a eu tendance à réduire la couche de graisse superficielle dans l'objectif de produire de la viande maigre. Certaines races locales comme le Cul noir limousin disposent encore d'une bonne couche de « couenne » : de 12 à 15 cm, contre 1 cm à peine chez les Large White ou les Landrace ! Les excès de chaleur sont aussi préjudiciables aux porcs, qui pourraient apprécier un abri à l'ombre même si en général, c'est plutôt le bain de boue

Un abri robuste pour accueillir plusieurs porcs adultes.

qui sera à leur goût. L'abri servira notamment à protéger les animaux du vent et de l'humidité, et sera idéalement garni de paille pour leur permettre de s'y façonner un nid bien douillet. Il arrive même que les cochons s'y enfouissent au point de ne plus être visibles !

## Un abri confortable

Un abri confortable pourvu d'une porte sera à prévoir de manière à protéger les animaux du vent, des intempéries et de l'humidité. Installez les cabanes dans la direction opposée aux vents dominants, en veillant à ce qu'il n'y ait pas de courants d'air. La porte ouverte fournira une aération suffisante pour évacuer les gaz nocifs tels que l'ammoniac. Veillez à ce que la litière soit toujours bien au sec. La composition de cette litière peut être très diverse, les matériaux les plus fréquemment utilisés étant la paille, le foin, la balle d'épeautre, les broyats de branches, des feuilles mortes, etc. Ils auront la propriété de bien absorber l'humidité et idéalement d'être compostables. Si les animaux défèquent en général hors de leur abri, ils risquent néanmoins de rentrer de la boue, ce qui nécessitera de renouveler la litière.

L'abri devra être de conception solide : pensez que vos petits porcelets deviendront grands et forts, et auront sans doute tendance à se frotter sur les parois ou à les ronger. Pour les murs, évitez donc les bois traités qui pourraient les intoxiquer. Un toit en tôle exposé au soleil peut induire des conditions étouffantes dans l'abri. Pour un abri d'été, certains composent avec des bottes de paille ou des murs en palettes de récupération couvertes d'un toit. Prenez garde aux objets saillants et bords coupants qui risqueraient de blesser les animaux.

## De la place pour tout le monde

L'abri doit permettre à tous les animaux de se coucher en même temps. En général, ils se blottissent les uns contre les autres, et demandent, de ce fait, moins de place. L'espace nécessaire varie en fonction de la race et de l'âge. On recommande des surfaces minimales de l'ordre de 1 $m^2$ par porc adulte, soit un abri de 1,80 m de long sur 1,20 m de large minimum pour une paire d'animaux.
L'accès à l'abri devra être pensé en fonction de la mobilité de vos animaux. Sont à éviter :

- les pentes trop fortes (angle maximal de 20 degrés, ce qui équivaut à 36,4 cm de hauteur pour 1 m de longueur),
- les sols glissants,
- une ouverture trop juste (les animaux doivent pouvoir passer sans forcer).

Les cochons adorent se coucher les uns contre les autres.

La niche à veaux, un abri rudimentaire qui peut être chaud en été et froid en hiver.

Les éleveurs professionnels de porcs en plein air achètent souvent ce type d'abri spécialement adapté pour les porcs.

## Et pourquoi pas un abri mobile ?

Vos cochons auront pour mission de labourer plusieurs parcelles? Ou bien vous souhaitez les faire tourner entre différents enclos pour diversifier leur nourriture? Pensez à l'abri mobile. Une ancienne remorque peut être bricolée à cette fin!

Transformation d'une ancienne remorque en abri mobile pour deux porcs.

De l'ombre bienvenue sur leur parcours.

# ENCLOS ET CLÔTURES

Il n'y a pas de cochons plus heureux que ceux qui vivent en plein air… à condition de prévoir à leur attention un enclos adapté. Il doit être de taille suffisante pour leur permettre de fouir un peu partout. Une surface minimale de 300 m² est idéale pour deux porcs élevés jusqu'à leur taille adulte. Ces surfaces peuvent être plus petites si vous organisez un parcours itinérant, en déplaçant de temps en temps les porcs pour leur offrir de nouvelles surfaces. D'ailleurs, ils apprécieront : ils adorent la nouveauté !

**L'enclos temporaire des porcs est entouré de fils électrifiés de couleur, bien visibles.**

Entourez vos enclos de solides clôtures afin d'éviter que vos animaux ne s'échappent. Pour les enclos permanents, on peut utiliser un treillis galvanisé de type « Ursus » lourd, mais les cochons ont vite fait de l'abîmer en venant se frotter contre les piquets et les treillis, et ils ont tendance à creuser à leur base. Le plus facile est de prévoir une clôture électrifiée de puissance suffisante. Deux à trois fils à hauteur bien pensée conviendront parfaitement.

Les cochons n'y mettront pas leur groin deux fois ! Si vous en avez la possibilité, utilisez des fils ou rubans de couleur, bien visibles, qu'ils apprendront à éviter. De par leur facilité d'installation, la solution des fils électrifiés est particulièrement bien adaptée aux enclos mobiles. Quelle que soit la solution choisie, observez bien le comportement de vos porcs lors de leur installation, et attendez-vous à quelques évasions, le temps qu'ils comprennent les règles.

Les résidus de cultures forment une sorte de paillage que les porcs apprécient, tout comme les branches restées en place.

Le parcours doit aussi être bien drainé. Même si les porcs aiment prendre des bains de boue pour se débarrasser de leurs parasites, pour se rafraîchir ou pour s'enduire de « crème solaire » argileuse, il n'est pas question de les laisser dans un vaste bourbier, sans quoi ils risquent notamment des infections parasitaires ou des foulures. Pensez également aux zones ombragées et fraîches pour qu'ils puissent s'y abriter lors des périodes caniculaires, auxquelles ils sont sensibles.

En plus de la terre de leur parcours, vous pouvez offrir à vos cochons des accessoires de jeu. Ils sont en effet très demandeurs de surfaces à fouir comme d'épaisses couches de paille, foin, sciure de bois ou compost. Ils adorent mâchouiller des morceaux de bois, des chaînes métalliques, et même jouer avec de grands ballons qu'ils poussent du groin. Ils sont fans de football ! Ces matériaux doivent être sains pour ne pas compromettre la santé des animaux.

## Sale comme un cochon, vraiment ?

Les porcs ont la réputation d'être sales. Et pourtant, ils sont très organisés au niveau de leur milieu de vie : une aire pour manger, une autre pour dormir, une autre encore pour la toilette, et des zones boueuses pour se rafraîchir. Les bains de boue leur permettent de se protéger des coups de soleil et de se débarrasser des parasites. Avez-vous déjà essayé le bain d'argile ?

Un enclos trop humide est mauvais pour la santé des porcs.

Le bain de boue : les porcs adorent !

# Les SOIGNER au QUOTIDIEN

# EAU

Tous les porcs de plus de deux semaines doivent avoir un accès permanent à de l'eau de qualité suffisante. La consommation individuelle des cochons va de 5 à 10 litres par jour pour les porcs à l'engrais et les truies, et jusqu'à 35 litres pour les truies en lactation. L'eau doit en général être changée quotidiennement pour en assurer la qualité. Pour assurer de telles quantités quotidiennes, le plus facile est de prévoir une récupération de l'eau de pluie, dans des réservoirs (par exemple, de 1 000 litres), en installant des gouttières sur le toit de l'abri, si sa configuration s'y prête.

L'abreuvoir des porcs doit être pensé pour être de capacité suffisante, propre et accessible à tous les animaux, que ce soit en termes de place ou de hauteur. Il doit être robuste de manière à ne pas être renversé ou cassé par les animaux. Pour l'élevage régulier de plusieurs animaux, certains éleveurs optent pour des abreuvoirs automatiques à niveau constant. Il faut alors être plus prudent avec la qualité bactériologique de l'eau, celle-ci étant accessible plus longtemps. La souille ne peut pas être considérée comme un point d'abreuvement ! En hiver, il faut veiller à ce que l'eau ne gèle pas et briser la glace régulièrement. En été, il vaut mieux placer l'abreuvoir à l'ombre pour garder l'eau assez fraîche.

**Abreuvoir en béton.**

# NOURRITURE

## LES BESOINS ALIMENTAIRES

Les besoins alimentaires des porcs varient en fonction de leur âge, de leur race, de leur poids, de leur sexe, de leur activité, de la température ambiante (l'idéal se situant entre 15 °C et 23 °C), des conditions d'hygiène, de leur état physiologique (gestation, allaitement) et de leur mode de conduite (le plein air stimule l'appétit !). On compte en moyenne 200 à 300 kg d'aliments pour amener un porcelet sevré jusqu'à un poids d'abattage (habituellement, 115 à 120 kg sur pieds). L'alimentation doit être variée et équilibrée, riche en eau, en énergie, en protéines, en fibres, en sels minéraux, en vitamines et en oligo-éléments.

Nous décrirons dans ce chapitre l'alimentation des porcs sevrés et des truies hors reproduction. Les besoins spécifiques des truies gestantes et allaitantes et ceux des porcelets sont traités dans le chapitre consacré à la reproduction (p. 75).

Abreuvoir automatique.

## Évaluation de l'état d'embonpoint des porcs

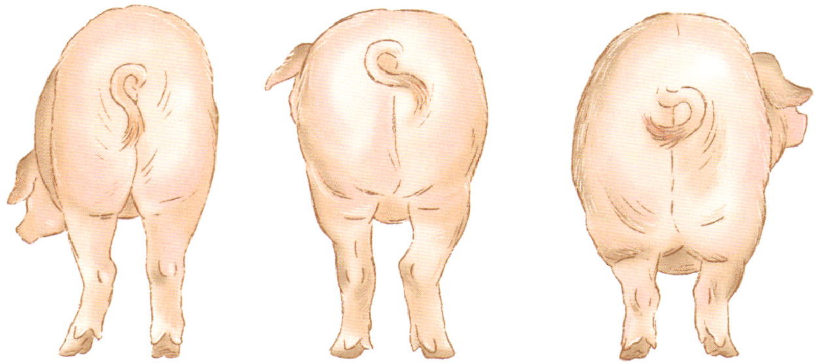

| 1 | 2 | 3 | 4 | 5 |
|---|---|---|---|---|
| **Niveau 1 :** Truie émaciée, hanches et colonne vertébrale proéminentes, aucune couverture de gras. | **Niveau 2 :** Truie maigre, hanches et colonne vertébrale aisément palpables au toucher sans aucune pression. | **Niveau 3 :** État d'engraissement idéal, une pression ferme est nécessaire pour sentir la colonne et les hanches. | **Niveau 4 :** Truie grasse, impossible de sentir les os, même avec une palpation. | **Niveau 5 :** Truie obèse. |

Profitez de la distribution de nourriture pour vérifier l'état d'embonpoint des porcs, par la vue et par la palpation.

# NI TROP, NI TROP PEU

Il est difficile, dans cet ouvrage, de préciser les quantités de nourriture à distribuer pour chaque animal, étant donnée la variabilité de leurs besoins. Le mieux est que l'éleveur puisse évaluer et suivre l'état de nutrition de chaque individu grâce à différentes observations sur la santé et l'embonpoint.
Un autre indicateur, pour savoir si on donne trop ou trop peu aux animaux, est de chronométrer la prise de nourriture. Les porcs doivent en général avoir terminé leur repas en 20 minutes.

## L'état d'embonpoint

Dans le cadre de son programme Vigiferme, visant à former les citoyens à évaluer par eux-mêmes le bien-être animal, l'association Welfarm a publié une grille de référence sur l'embonpoint des porcs, avec 5 niveaux. L'examen visuel peut déjà donner un indice, bien que la palpation des hanches et de la colonne vertébrale apporte un plus pour bien se rendre compte de l'état de l'animal.

## Les effets d'une suralimentation ou d'une sous-alimentation

Si les effets néfastes d'une sous-alimentation sur la santé de l'animal sont évidents, le surpoids est également problématique. Un animal trop lourd présente une fatigue des aplombs et des articulations. Par ailleurs, sa proportion de gras sera excessive pour une éventuelle consommation. Un animal suralimenté occasionnera aussi davantage de rejets azotés dans l'environnement, ce qui pose des problèmes d'eutrophisation. Ce type de pollution survient lorsque des eaux de surface, comme des étangs, sont enrichies en azote. Cet élément favorise la prolifération des plantes aquatiques et des algues. Si ces organismes produisent de l'oxygène en journée, en présence de lumière, grâce à la photosynthèse, ils consomment de grandes quantités d'oxygène la nuit, par leur respiration, au point que les autres formes de vies, telles que les petits animaux, s'asphyxient.

## Faire régime

Pour imposer un régime à un porc en excès de poids, on additionne de l'eau (soupes) et de la cellulose (de valeur énergétique moindre, comme du foin) dans la ration, ce qui remplit l'estomac et réduit la consommation d'autres nutriments, par exemple présents sur le parcours. L'alimentation est aussi bien entendu rationnée.

20 minutes chrono pour avaler son repas.

# LES TYPES DE NOURRITURES

## Un animal omnivore

Le porc est omnivore. Le sanglier donne un bon aperçu de son alimentation dans des conditions naturelles : plantes (ils distingueraient une quarantaine de végétaux comestibles), racines, champignons, vers et insectes, fruits secs ou charnus, herbe et feuilles, graines en tous genres, rongeurs, et même des cadavres d'autres animaux.

Dans les temps anciens, on nourrissait les cochons avec des aliments à bas coût, soit glanés (par eux-mêmes) dans la nature (châtaignes, glands...), soit des sous-produits de la ferme comme le petit-lait issu de la fabrication du fromage, parfois le lait écrémé issu de la fabrication du beurre, le son de meunerie, les restes de nourriture, etc.

### Des porcs en forêt

Saviez-vous que du temps de Guillaume le Conquérant (au XIe siècle), en Angleterre, la valeur des forêts était évaluée en fonction du nombre de porcs qu'elles pouvaient nourrir, plutôt que pour leur production de bois ? Si l'élevage des cochons en forêt est à la fois économique et pratique, il peut cependant avoir de lourdes conséquences sur l'écosystème naturel, tout comme un excès de sangliers. En Virginie, les porcs introduits pour la production de viande se sont échappés, si bien qu'une de ses villes, Falmouth, a été surnommée « Hogtown », littéralement « la ville des cochons », pendant la période coloniale.

Des porcs juste à côté des parcelles de culture de légumes, pour leur donner les déchets de production et les mauvaises herbes.

Les races traditionnelles sont adaptées à ces régimes alimentaires, en Normandie, par exemple, avec les sous-produits laitiers et meuniers, et dans le Sud, avec les fruits secs tombés des arbres.

Dans les élevages intensifs modernes, la ration des porcs est bien différente, et calculée finement en fonction de leurs besoins pour favoriser le développement du muscle et minimiser la production de graisse. Les éleveurs distribuent principalement aux porcs des céréales et tourteaux. Il est important de varier au maximum la ration des porcs pour s'assurer du bon équilibre des éléments apportés. Les céréales et les racines sont riches en énergie mais pauvres en protéines. Il faut donc les compléter avec des protéagineux, des oléagineux, des produits laitiers ou autres sources de protéines pour obtenir le bon équilibre. La nécessité de varier les aliments s'applique aussi en ce qui concerne les éléments minéraux. Par exemple, le lait écrémé, le petit-lait et les levures contiennent de la lysine, un acide aminé essentiel, qui est absent de la plupart des denrées végétales. Les céréales apportent quant à elles davantage de phosphore. En diversifiant l'alimentation, on peut donc réduire le risque de troubles ou de carences alimentaires. Enfin, n'hésitez pas à donner à vos animaux les mauvaises herbes récoltées au potager, les déchets de légumes, et l'une ou l'autre limace rencontrée lors de vos balades au jardin ! Par contre, il est important de ne pas nourrir les cochons avec des restes de table contenant de la viande, car certaines maladies peuvent subsister malgré la cuisson et contaminer vos animaux.

## Le seau à cochons

Dans les élevages traditionnels, on rassemble les résidus divers dans le «seau à cochons», distribués tels quels ou additionnés à de l'eau et cuits en «tambouille». Cette pratique s'adapte bien aux élevages «ménagers», mais il faut veiller à la bonne qualité des aliments et éviter toute pourriture qui pourrait faire plus de mal que de bien à vos doux compagnons!

## Les aliments complets du commerce

Les fournisseurs d'alimentation pour animaux proposent des aliments complets adaptés aux porcs en fonction de leur âge. Ils se présentent sous forme de farines ou de granulés à distribuer pur ou en mélange avec de l'eau tiède pour former une bouillie. Les rations journalières sont précisées sur le sac et dépendent en général du poids vif de l'animal, pour des races de production. Si vous élevez des races à croissance lente, il est probable que vous devrez réduire la ration pour ne pas obtenir de porcs trop gras (voir « L'état d'embonpoint », p. 54). Vous pouvez baser l'alimentation de vos cochons sur cette ration, et la compléter avec les déchets de votre potager, quelques racines, etc.

Seau à cochons.

Graines de céréales aplaties.

## Les céréales pures

Elles sont présentées en farines ou en grains aplatis, plutôt qu'en grains entiers, qui sont moins bien digérés (et donc valorisés) par les animaux. Riches en énergie mais pauvres en protéines (et notamment en lysine), on les associe en général à d'autres types d'aliments. On utilise l'avoine, le blé, l'orge, le seigle, le triticale, le maïs ou le sorgho. Les grains moisis seront écartés, vu leur toxicité pour les animaux.

Le son, issu de la mouture, constitue l'enveloppe extérieure des graines de céréales, il est riche en éléments minéraux et en cellulose, mais aussi en acide phytique, une substance pouvant mener à une déminéralisation. Son utilisation est intéressante économiquement et nutritivement (notamment pour réduire la concentration en énergie de la ration), mais doit être limitée en quantités (moins de 15 % de la ration).

Les graines germées sont des aliments très intéressants pour les élevages de porcs ou autres animaux de ferme. On dit souvent que c'est l'aliment des animaux en convalescence de par leur richesse en énergie, en sels minéraux, en vitamines et oligo-éléments. Distribuées avec des céréales ou du son, elles présentent un avantage : la germination active une enzyme dégradant l'acide phytique responsable du pouvoir déminéralisant, faible chez les céréales mais plus important dans le son. Comme pour tous les aliments, distribuez-les avec modération (moins de 20 % de la ration), c'est-à-dire deux poignées par porc (une à deux fois par jour, avec le repas). Faites-en aussi profiter vos petits ruminants (une poignée par jour) et vos volailles (une poignée par jour pour 3 volailles).

Graines germées.

Graines germées.

## Comment faire ses graines germées ?

Faire des graines germées pour nourrir ses animaux… ce n'est pas sorcier!

1. Procurez-vous des graines de céréales, légumineuses et autres plantes au choix. Elles doivent être entières, bien sèches et exemptes de moisissures.

2. Disposez un lit de graines dans un récipient en plastique assez plat, sur une hauteur de deux à trois centimètres maximum. Les graines doivent en effet «respirer», sans quoi des fermentations anaérobies (en absence d'oxygène) risquent de se développer, ce qui provoque notamment un échauffement des graines. Dans ce cas, il ne faut pas les donner aux animaux.

3. Ajoutez aux graines de l'eau de bonne qualité (idéalement, de l'eau du robinet, qui sera exempte de mauvaises bactéries), de manière à ce qu'il y ait un peu de surnageant (toutes les graines doivent être en contact avec l'eau).

4. Placez les bacs dans une pièce à température ni trop basse (sous 10 à 12 °C, les graines ne germeront pas) ni trop haute (au-delà de 20 à 25 °C, il y a un risque de trop fortes fermentations).

5. Pendant 24 heures, les graines vont gonfler. Elles doivent en permanence rester humides (mais sans surnager à présent) pour la suite de la germination, qui peut prendre plusieurs jours selon la variété et la température.

Les graines peuvent être distribuées à tout moment, mais vous tirerez un meilleur parti du processus en attendant l'apparition des cotylédons.

## Les tourteaux d'oléagineux et les protéagineux

Résidus des huileries, les tourteaux sont les restes des parties aériennes des **plantes oléagineuses** après pressage. Les plus courants sont les tourteaux de colza, de tournesol et d'arachide. Ils sont riches en matières azotées mais doivent être donnés en faibles quantités (moins de 10 % de la ration). Les tourteaux moisis seront écartés.

**Les protéagineux** sont des légumineuses riches en protéines, telles que le pois ou la féverole, généralement distribués à l'état de grains concassés. Le soja est surtout distribué en tourteaux cuits. Ils ne dépasseront pas 15 % de la ration.

## Les fourrages verts et l'herbe

Les porcs broutent de l'herbe ! À la manière des vaches, ils tondent le gazon de leur parcours, mais évidemment, ils ne ruminent pas. S'ils apprécient cet aliment, il est cependant assez peu digeste et prélevé en petites quantités. Le foin, aliment plus pauvre en nutriments et riche en cellulose, peut servir à couper la faim des porcs suralimentés.

## Les racines

On peut donner aux cochons des pommes de terre cuites. Il faut éviter les tubercules verts ou germés, qui sont toxiques pour les animaux. Par contre, la betterave fourragère doit être distribuée crue. Les racines sont riches en eau et pauvres en azote. Elles peuvent compléter la ration en petites quantités (maximum 15 % de la ration).

| Ingrédients utilisables (caractéristiques et limites) pour une ration équilibrée | | |
|---|---|---|
| **Type** | **Caractéristiques** | **Limite d'apport** |
| Aliments complets du commerce | Mélange adapté aux besoins du porc selon son stade de croissance. | Jusque 100 % |
| Céréales (grains concassés / farines) | Riches en énergie, pauvres en protéines. Riches en phosphore. | Jusque 40 % |
| Oléagineux (tourteaux) | Riches en protéines, mais présence de facteurs antinutritionnels. | Jusque 10 % |
| Protéagineux (graines, tourteaux) | Riches en protéines, mais présence de tanins et facteurs antinutritionnels. | Jusque 15 % |
| Fourrages verts et herbe | Riches en cellulose peu digeste. Effet coupe-faim. | À volonté, en libre-service |
| Racines | Riches en eau, pauvre en protéines. | Jusque 15 % |
| Châtaignes et glands | Riches en énergie, pauvres en protéines. | |
| Produits laitiers – lactoserum | Riches en protéines, notamment en lysine, mais l'acidité provoque des risques de diarrhées. | Maximum 10 l par porc et par jour |
| Drêches de brasserie / distillerie | Riches en protéines et en vitamine B, mais teneur élevée en fibres. | Jusque 5 % |

Source : MOERMAN M. 2017 (voir les références en fin d'ouvrage).

## Les châtaignes et glands

Ce sont des aliments très intéressants, riches en énergie mais pauvres en azote. Laissez donc les animaux les récolter eux-mêmes, votre dos vous en sera reconnaissant, et les animaux prendront un plaisir fou à les chercher !

## Les sous-produits laitiers

Lait écrémé, petit-lait (lactosérum) et babeurre présentent l'avantage d'être riches en matières azotées, notamment la lysine, acide aminé d'importance dans l'alimentation des porcs. On peut les apporter en mélange avec d'autres aliments, mais en quantités limitées (10 litres par jour et par animal maximum) car ils sont très digestes et acides, ce qui peut perturber l'équilibre de la flore intestinale et provoquer des diarrhées. En fonction de leur composition, les sous-produits laitiers apportent également de l'eau dans la ration. Étant donné le risque d'acidification accrue et de développements bactériens, les sous-produits laitiers doivent être donnés rapidement aux animaux (temps de conservation très court).

## Les levures

Les drêches (résidus issus du brassage ou de la distillerie), riches en levures, fournissent des acides aminés et de la vitamine B. Leur teneur élevée en fibres et la qualité inférieure de leurs protéines en font un aliment à faible apport énergétique. On les incorpore en petite quantité dans les rations (maximum 5 %), mais leur prix et leur disponibilité sont souvent limitants.

Glands.

Petit-lait.

Les porcs broutent l'herbe comme des vaches ! Mais ils ne ruminent pas.

# LA DISTRIBUTION DES REPAS

Les repas sont de préférence distribués à heures régulières, et accessibles à tous les animaux. Il faut donc prévoir une aire de nourrissage suffisamment grande pour que tous puissent y accéder en même temps. Lors du nourrissage, c'est la bousculade tant nos compagnons sont gourmands, et ils mangent littéralement… comme des cochons ! Si certains aliments peuvent être donnés au sol, les farines et soupes diverses seront distribuées dans une auge solidement ancrée au sol, mais idéalement déplaçable pour éviter la formation de bourbiers. N'oubliez pas, lorsqu'un changement d'alimentation est nécessaire (au sevrage, lors de la phase d'engraissement, au cours de la gestation, en cas de surpoids ou de maigreur, en cas de disponibilité d'une nouvelle source de nourriture…), d'assurer une transition progressive pour que les animaux s'adaptent et pour éviter des troubles digestifs.

Une mangeoire qu'ils ne déplaceront pas.

Nourrissage.

# DES ANIMAUX
## MANIPULABLES... À LEUR FAÇON !

Par rapport à d'autres animaux domestiques, les cochons sont des animaux difficiles à manipuler. Impossible de leur mettre un collier, aucune prise pour les attraper... S'ils s'échappent de leur enclos, comment les ramener à bon port ? L'erreur commune consiste à tenter de les pousser, quitte à les effrayer un peu, pour les faire revenir. Comme vous le verrez sur le schéma suivant, les porcs détestent la présence d'un humain derrière eux. Leur champ visuel large, à 310°, laisse 50° d'angle mort dans lequel ils ne vous voient pas. Ils auront donc tendance à tourner la tête, à se retourner ou à ne pas avancer. Une meilleure méthode est de les approcher avec des panneaux de bois, servant d'obstacles visuels, pour les rediriger du bon côté. Mais mieux encore : préférez une interaction positive, en attirant les porcs à l'aide de nourriture, ça marche toujours ! Rien que la vue du seau les fait réagir et se bousculer pour arriver en premier. Voici une manière de les manipuler... différemment !

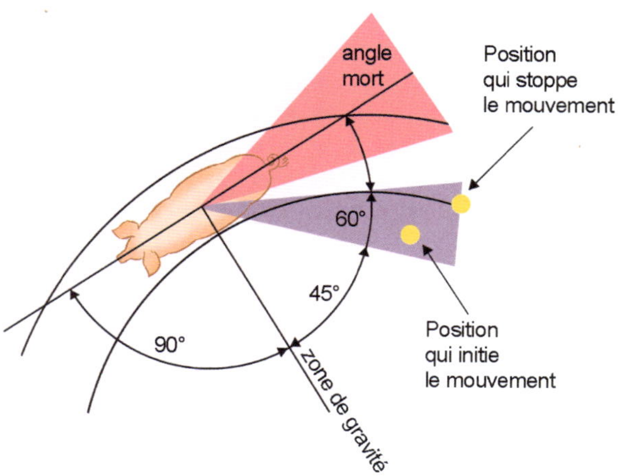


Angle de vision des porcs.

Cochons attirés par le seau de nourriture.

# DES PORCS EN BONNE SANTÉ

## MIEUX VAUT PRÉVENIR QUE GUÉRIR !

La prévention est le meilleur moyen pour se passer du vétérinaire. Elle passe par de bonnes pratiques :

- **d'hygiène** (nettoyage fréquent des abris, changement de litière si elle est souillée, bonne ventilation, pas d'excès d'humidité),
- **de sécurité** (absence d'objets tranchants dans les enclos…),
- **d'alimentation** (eau et aliments de qualité et en bonne quantité, bon équilibre et diversité de la ration, transitions alimentaires douces, accès de tous les animaux à la nourriture et à l'eau…),
- **et de bien-être** (accès à des abris, à des zones ombragées, à des bains de boue, limitation des sources de stress, pas de surdensité des animaux qui entraîne agressivité et blessures…).

## DES ANIMAUX SENSIBLES À LA TEMPÉRATURE

Les porcs sont très sensibles aux variations de température et au soleil. Leur domestication a sélectionné des animaux présentant peu de pilosité, et ils disposent de très peu de glandes sudoripares. Il faut donc être attentif à leurs conditions de vie.
Le froid abaisse la température corporelle des animaux, ce qui les amène à se regrouper et, s'ils en ont la possibilité, à fabriquer une bauge dans la litière pour s'enfouir au chaud. Lorsqu'un animal a froid, il peut grelotter et se coucher sur le ventre plutôt que sur le côté. Pour l'aider, prévoyez un abri isolé et protégé des courants d'air, et une bonne couche de litière. Distribuez-lui éventuellement une soupe tiède et bien fournie. Le froid provoque une augmentation de la consommation alimentaire.
Les porcs sont encore plus sensibles à la chaleur qu'au froid, vu leur faible possibilité de transpirer. Ils peuvent s'écrouler, frappés d'un coup de chaleur. Il faut alors réagir très vite pour les aider à se rafraîchir, en les pulvérisant d'eau froide qui, en s'évaporant, contribuera à refroidir leur corps en surface. Il faut bien entendu alors placer le porc à l'ombre et au frais. Un porc qui a chaud halète. Dès que la température excède 22 °C, les animaux doivent toujours avoir accès à l'ombre, et idéalement à un bain de boue qui leur permettra de se rafraîchir. Ils éviteront ainsi également les coups de soleil.

## LES SIGNES DE MAUVAISE SANTÉ

Un porc malade a tendance à s'isoler du groupe et à être moins actif. Il réagit très peu aux stimulations normales. Certains symptômes peuvent attirer votre attention : perte de tonus musculaire (regardez le port de la tête, des oreilles ou de la queue), œil terne, toux, diarrhées, vomissements, perte d'appétit, perte de poids, respiration rapide ou irrégulière, tremblements, boiterie ou démarche mal assurée, pis, articulations ou nombril enflés, augmentation de la température corporelle (la normale variant entre 38,3 °C et 39,2 °C).

## ANIMAL MALADE : QUE FAIRE ?

Comme vous le constaterez à la lecture des paragraphes qui suivent, les symptômes qui caractérisent les animaux malades sont en général très peu spécifiques. Le recours au vétérinaire est donc indispensable pour identifier la cause du malaise, le plus souvent via des analyses en laboratoire, dans le but de prescrire le traitement adapté. Étant donné que de nombreuses infections sont contagieuses, veillez à isoler les animaux suspects et à désinfecter si possible les abris (ou à changer le parcours des animaux sains).

Dans les paragraphes suivants, nous reprenons quelques exemples de maladies porcines : des maladies contagieuses le plus souvent virales, des maladies parasitaires et des troubles issus de soucis de nutrition. Ce panorama n'est pas exhaustif.

**Bauge permettant un bain de boue rafraîchissant.**

# LES MALADIES À DÉCLARATION OBLIGATOIRE

En vue de mieux maîtriser les risques liés à la transmission de maladies dangereuses ou présentant un lourd impact économique pour les éleveurs professionnels, une liste de maladies à déclaration obligatoire est parue dans un arrêté du 29 juillet 2013. En France, une révision de l'arrêté est réalisée tous les 3 ans.

**Les dangers sanitaires de première catégorie** concernent les atteintes graves à la santé publique et les risques majeurs pour l'environnement ou pour les capacités de production françaises. Ils requièrent, dans un but d'intérêt général, des mesures obligatoires de prévention, de surveillance ou de lutte. Pour l'espèce porcine, il s'agit des maladies suivantes :

- la diarrhée épidémique porcine (DEP)
- l'encéphalite à virus Nipah
- la maladie d'Aujeszky
- la maladie de Teschen
- la maladie vésiculeuse du porc
- la peste porcine africaine
- la peste porcine classique

**Les dangers sanitaires de seconde catégorie** concernent des dangers affectant l'économie d'une ou plusieurs filières. Il est alors nécessaire de mettre en place des programmes collectifs de prévention, de surveillance et de lutte. Pour l'espèce porcine, il s'agit de :

- la brucellose porcine
- la trichinellose

En France, en cas d'infection (ou de suspicion) par une maladie soumise à réglementation, la Direction des services vétérinaires doit être contactée, directement ou par l'intermédiaire du vétérinaire traitant.

Suivant le même principe, en Belgique, l'Agence fédérale pour la sécurité de la chaîne alimentaire (AFSCA) a défini une liste de maladies à déclaration obligatoire, et recueille les notifications en cas de suspicion ou de contamination avérée. La déclaration est nécessaire pour les maladies suivantes :

- la fièvre aphteuse
- la maladie d'Aujeszky
- la maladie vésiculeuse du porc
- la stomatite vésiculeuse
- la peste porcine africaine
- la peste porcine classique

# LES MALADIES CONTAGIEUSES

## Quelques maladies virales rares mais dangereuses

Plusieurs maladies virales telles que la maladie d'Aujeszky, la peste porcine classique, la peste porcine africaine et la fièvre aphteuse peuvent toucher les porcs. Si la France et la Belgique en sont officiellement indemnes actuellement, les virus peuvent arriver d'autres régions du monde, comme ce fut le cas pour l'épidémie de peste porcine africaine qui a touché la Belgique entre 2018 et 2020. Les symptômes sont très généraux : fièvre, perte d'appétit, abattement, mortalité… si bien que l'expertise d'un vétérinaire est nécessaire. Étant donné la dangerosité de ces maladies, leur déclaration est obligatoire pour éviter toute contagion aux autres élevages et aux animaux sauvages. La vaccination, quand elle existe, n'est pas appliquée de manière préventive dans les pays indemnes. Aucun traitement n'existe pour ces maladies.

## La grippe porcine

La grippe porcine est une maladie virale généralement bénigne mais très contagieuse, courante en Europe et ailleurs dans le monde. Elle peut aussi toucher d'autres espèces comme les dindes et les canards, mais rarement les humains. Les symptômes couramment observés sont de la fièvre, une perte d'appétit et de poids, de la toux, des éternuements, voire des avortements chez les truies gestantes. Le diagnostic doit être confirmé par des tests en laboratoire. Les animaux se rétablissent le plus souvent par eux-mêmes au bout de 3 à 7 jours. Une vaccination est possible.

## Le syndrome dysgénésique et respiratoire porcin

Ce virus, courant en Europe et dans d'autres régions du monde, provoque d'importantes pertes dans les élevages intensifs. La maladie contagieuse se manifeste par des troubles de la reproduction chez les truies et par une pneumonie et un accroissement de la sensibilité aux infections bactériennes secondaires chez les porcelets. Son surnom de « maladie de l'oreille bleue » est dû aux problèmes d'oxygénation liés aux troubles respiratoires. Chez les animaux adultes, le virus provoque une fièvre transitoire et une perte d'appétit qui passent parfois inaperçu. Le diagnostic nécessite un test sérologique en laboratoire.

## Le rouget du porc

Cette maladie bactérienne touche les porcs, les agneaux, les veaux et occasionnellement l'homme. Les symptômes sont assez caractéristiques, ce qui facilite le diagnostic : il s'agit de la présence de plaques rouges à violacées, douloureuses, au niveau de la peau. La forme chronique provoque des inflammations articulaires, tandis que la forme aiguë peut évoluer vers une nécrose des membres, des oreilles ou de la queue, avant d'entraîner la mort de l'animal. Un traitement antibiotique doit être administré.

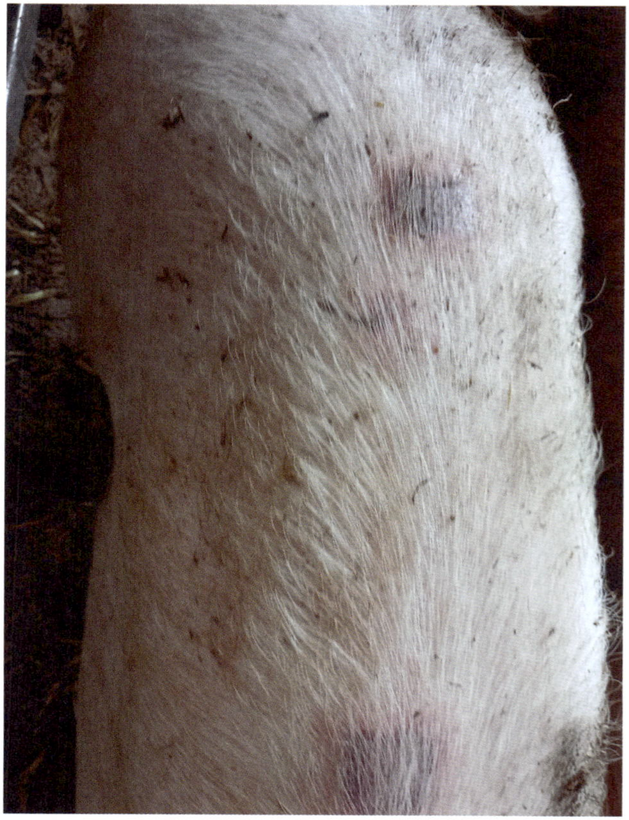

Symptômes de rouget du porc.

## La salmonellose

Les salmonelles provoquent une entérite (inflammation de l'intestin grêle) infectieuse, assortie de diarrhées. L'animal est affaibli, amaigri et apathique, souvent fiévreux. Parfois, les animaux sont asymptomatiques mais contaminants. La maladie apparaît souvent lorsque les animaux sont élevés dans de mauvaises conditions d'hygiène ou mal nourris. Les rongeurs peuvent transmettre cette maladie. Les salmonelles sont des bactéries transmissibles aux humains via l'alimentation (viande contaminée, généralement pas assez cuite), provoquant des diarrhées et de la fièvre.

# LES MALADIES PARASITAIRES

On distingue les parasites externes, comme les poux et la gale, et les parasites internes, qui touchent les organes internes, tels que l'estomac, les poumons, etc.

## Les parasites externes

**La gale sarcoptique** est une maladie encore fréquente dans les élevages. Elle est due à un acarien, spécifique du porc, qui s'installe dans la couche cornée de l'épiderme. La contamination peut être discrète, localisée dans l'oreille. Après le sevrage, les porcelets peuvent développer une réaction allergique à la présence de la gale, se manifestant par des plaques rouges sur le corps. Outre les démangeaisons, la gale peut provoquer un amaigrissement des animaux.

**Le pou suceur** chez le porc est de grande taille (3 à 6 mm), particulièrement visible chez les animaux à robe claire. En cas d'infestation, un examen de l'arrière des oreilles, là où la peau est fine, permet de le déceler. Il apparaît dans les élevages où l'hygiène est négligée. Les symptômes sont des démangeaisons, des lésions cutanées dues au grattage, de l'anémie et un amaigrissement.

## Les parasites internes

Ils peuvent être de différents types, et occasionnent des lésions internes. On les identifie grâce à des analyses des excréments (coproscopies) et ils sont alors traités grâce à des antiparasitaires spécifiques. Voici une liste non exhaustive de différents parasites internes des porcs.

- **L'anguillulose (ou strongyloïdose)** est due à un ver de 3 à 6 mm dont l'adulte s'installe et endommage la muqueuse de l'intestin grêle. On observe alors des diarrhées blanc-jaunâtre, un amaigrissement et des points rouges sur la peau.
- **L'ascaridiose** est due à un ver blanc cylindrique de 15 à 30 cm de long qui transite, après ingestion, vers le foie, le cœur, le système respiratoire puis l'intestin grêle. Les symptômes sont une toux devenant grasse, une inflammation digestive associée à de l'anémie. Les porcelets sont les plus sensibles, mais les animaux s'immunisent peu à peu.
- **La métastrongylose** est due à un ver de 25 à 60 mm de long dont les larves sont ingérées via les vers de terre. Ils touchent ensuite l'appareil pulmonaire avant de rejoindre le tube digestif. On observe une toux rauque.
- **Les strongyloses** sont dues à la présence de vers de différentes espèces dans les intestins des porcs. Elles ne se révèlent souvent par aucun symptôme particulier, mais elles provoquent un affaiblissement des porcs.

### Les vermifuges : à utiliser de manière raisonnée

Utilisées pour lutter contre les parasites internes des animaux, ces molécules sont extrêmement nocives pour l'environnement. Évitons le plus possible leur utilisation, notamment dans des parcelles destinées à être cultivées. Par ailleurs, ces médicaments entraînent des résistances chez les organismes traités, ce qui nécessite d'en donner de plus en plus souvent et de changer de molécules régulièrement. Avant tout, veillez à la prévention en fournissant de bonnes conditions d'hygiène à vos animaux et en effectuant des rotations dans les enclos.

- **La trichurose** est due à un ver de 3 à 5 cm de long localisé dans le caecum ou la muqueuse du côlon. Elle provoque une inflammation de l'intestin, des diarrhées et de l'anémie.
- **La pasteurellose** est une infection bactérienne touchant le système respiratoire, provoquant toux et fièvre chez l'animal.

## LES MALADIES DE LA NUTRITION

La qualité et l'équilibre alimentaires sont primordiaux en élevage.
Ainsi, des intoxications peuvent survenir en cas de distribution d'aliments mal conservés (développement de mycotoxines dans les aliments moisis) ou en cas de présence de toxines comme celles de l'ergot, champignon touchant les grains de seigle.
Le déséquilibre des rations alimentaires peut également provoquer des carences (s'exprimant de différentes manières) et des troubles de la digestion.
Le manque d'eau ou l'excès de sels provoquent des constipations et des crises de convulsion.
Des contaminations par des bactéries ou des virus peuvent également toucher les porcs. Par exemple, une infection par colibacille peut provoquer des diarrhées et une septicémie chez de jeunes porcelets. La gastro-entérite de Doyle est due à un coronavirus et provoque vomissements et diarrhées.

Enfin, chez le porcelet, le manque de lait maternel peut provoquer une hypoglycémie et des tremblements pouvant aboutir à la mort.

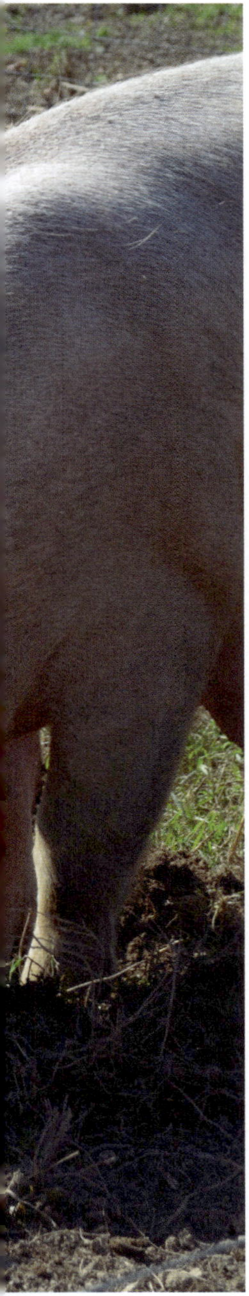

# GÉRER la REPRODUCTION et L'ÉLEVAGE

# LE CHOIX DES REPRODUCTEURS

## LES REPRODUCTEURS : LA TRUIE ET LE VERRAT

### Une bonne santé et une bonne base génétique

Vos futurs porcelets seront à l'image de leur papa et de leur maman : il est donc important de choisir des parents de qualité. Ils devront être en bonne santé car la reproduction demande beaucoup d'énergie au verrat et surtout à la truie ! Il ne faudrait pas non plus que la mère transmette à ses jeunes des maladies, apparemment inoffensives pour l'adulte, mais pouvant être plus graves pour des nouveau-nés.

Les reproducteurs seront aussi choisis pour leurs qualités génétiques : éventuellement la pureté de la race ou la qualité du croisement recherché, mais aussi la morphologie (qualité des aplombs, bonne posture…), le comportement (calme, docilité…) et les qualités de reproduction. Pour ce dernier point, on s'intéresse notamment à la fécondité (taux de gestation par épisode de reproduction), la prolificité (nombre de porcelets par portée), les qualités maternelles (attention portée par la mère à ses petits), les qualités laitières (quantité et qualité du lait maternel) et la précocité (âge d'atteinte de la maturité sexuelle).

### Choisir son mode de saillie

Dans un petit élevage au jardin, on n'élève en général pas de verrat en continu pour assurer la reproduction. Le mâle peut être « emprunté » à un éleveur pour la saillie, ou bien il est possible d'avoir recours à l'insémination artificielle. Il faut alors avoir une bonne idée du moment des chaleurs, et se préparer à l'avance pour choisir le mâle (ou les semences) et organiser la saillie. Des indications sont données p. 78 pour ceux qui souhaitent élever leur propre mâle reproducteur.

#### Un peu de vocabulaire…

La femelle adulte est la truie ou coche, la jeune femelle élevée pour la reproduction est une cochette, le mâle est le verrat et le jeune cochon (avant le sevrage) s'appelle porcelet, cochonnet, goret (ou cochon de lait dans l'assiette). Le jeune porc sevré se nomme nourrain ou nourrin. La reproduction concerne donc une truie ou coche et un verrat.

## La truie

La cochette est mature sexuellement entre 5 mois et demi et 8 mois, à un poids de 90 à 120 kg (selon la race). Plusieurs facteurs peuvent influencer la venue des premières chaleurs comme la race, l'alimentation, le logement et le contact avec les congénères. Les phéromones du verrat ont particulièrement tendance à déclencher la puberté des jeunes femelles. On préférera cependant attendre au minimum les secondes chaleurs pour mettre ces dernières à la saillie, ce qui donnera de meilleures chances de succès. C'est à l'âge de 145 à 170 jours que les cochettes sont le plus sensibles à la présence du verrat. Les truies utilisées pour la reproduction doivent recevoir une quantité suffisante d'aliments volumineux ou riches en fibres, ainsi que des aliments à haute teneur énergétique.

La truie.

## Le verrat

Le verrat est généralement élevé dans le but de la reproduction dès sa naissance. Chez les éleveurs, il dispose bien souvent d'un livre généalogique qui garantit la qualité des géniteurs et l'origine génétique pour éviter la consanguinité. Le verrat réunit une série de qualités telles que la bonne constitution de ses organes génitaux, des spermatozoïdes nombreux et un sang riche en hémoglobine. À la suite d'une intense pression de sélection et du développement de l'insémination artificielle qui a mené à un important taux de consanguinité dans les races commerciales, il arrive dans 0,5 à 2 % des cas que les jeunes porcelets soient atteints de cryptorchidie, soit la non-descente ou descente anormale des testicules. Le verrat est apte à la saillie à l'âge de 7 mois et demi à 8 mois, et gardé en général à l'écart des truies, tout en conservant idéalement un contact visuel et auditif avec elles, sans quoi il perdrait quelque peu son envie de reproduction. Avant la saillie, il sera nourri de manière raisonnée pour ne pas le rendre gras et indolent. On choisira pour saillir les cochettes un verrat dont le poids ne risque pas de poser des problèmes.

Le verrat.

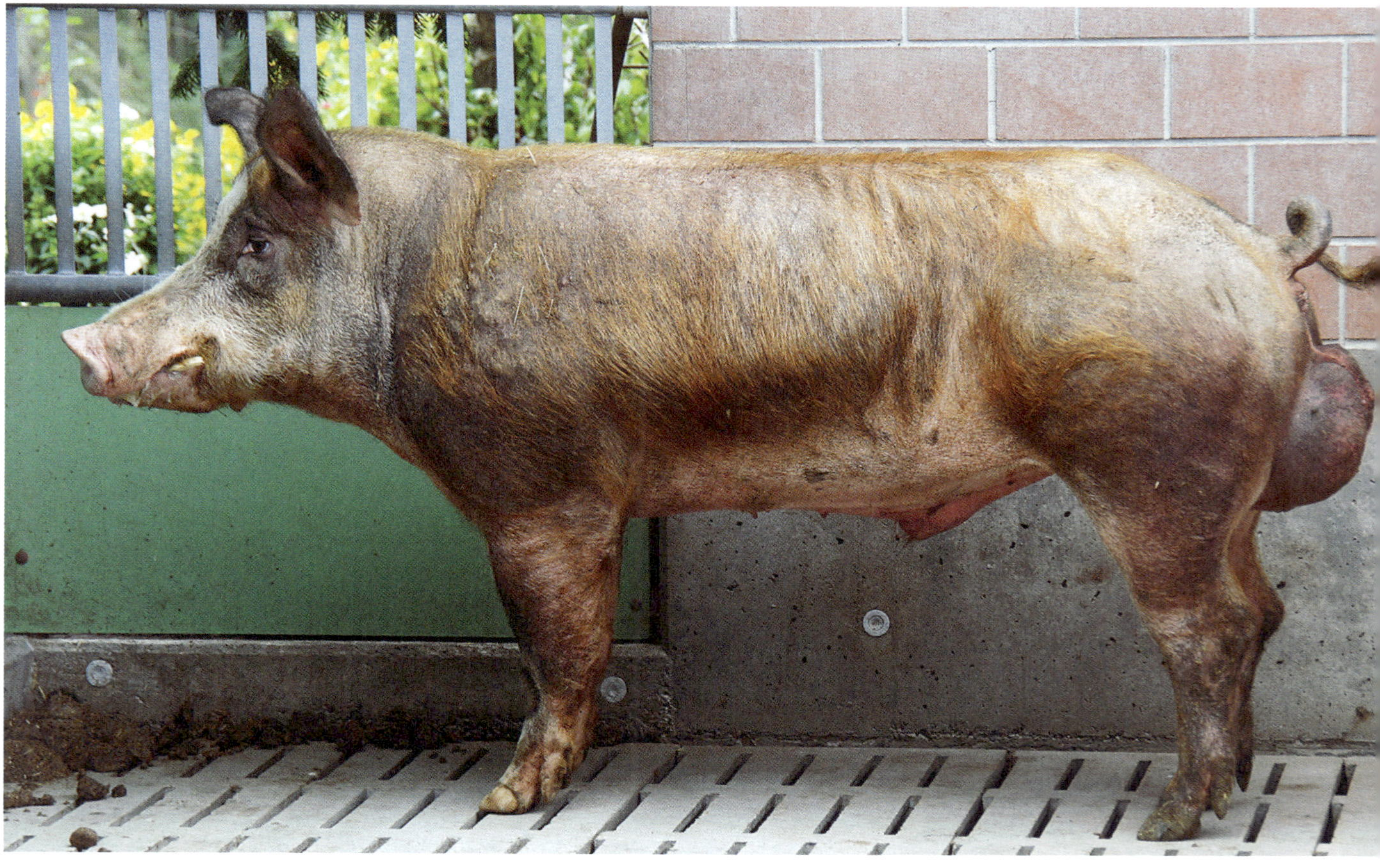

# DÉTECTER LES CHALEURS DE LA TRUIE

L'œstrus, aussi appelé « chaleurs », correspond à la période d'acceptation du mâle, de chevauchement et d'ovulation chez la truie. Dès la puberté, les chaleurs se produisent toutes les trois semaines (en absence de fécondation) et reviennent environ 8 à 10 semaines après la mise-bas, lorsque les porcelets sont sevrés. La durée des chaleurs varie selon la truie, son élevage et son âge. Chez les cochettes, elle est en général de 48 heures, chez les truies expérimentées (qui ont déjà eu des petits), de 30 à 72 heures.

Plusieurs signes accompagnent la venue des chaleurs : une vulve rouge et gonflée, un mucus vulvaire clair ou filant, des chevauchements entre femelles, une agitation, du flairage et des cris, des mictions plus fréquentes, le port des oreilles dressé, la baisse d'appétit…
Mais on identifie le mieux la période de reproduction avec le « réflexe d'immobilité » de la truie, qui s'immobilise en présence du verrat, ou de l'éleveur qui simule la présence du verrat en appuyant sur la région lombaire et le flanc. Cette immobilité se présente entre 30 et 35 heures avant l'ovulation.

Flairage à l'approche des chaleurs.

# LA FÉCONDATION

## LA MONTE NATURELLE

La nature est bien faite : le verrat détecte facilement les truies en chaleur et a l'instinct nécessaire pour effectuer la saillie. Cependant, les mâles inexpérimentés pourraient se retrouver en situation délicate, bousculés par des truies, et développer une certaine frustration qui peut réduire leur libido. Certains éleveurs préfèrent donc élever le jeune mâle à part et lui présenter une truie en chaleur dans le calme pour qu'il puisse avoir une première expérience dans les meilleures conditions possibles. Pour augmenter l'appétit sexuel des mâles, on peut aussi enrichir leur ration en avoine, en vitamines et donner un complément d'huile de foie de morue. La saillie s'effectuera avant le repas, sous contrôle, dans une atmosphère calme et à des heures où la température est moins élevée, soit le matin ou le soir pendant les mois d'été. L'éjaculation prend environ 6 minutes, et donne en moyenne 300 ml de sperme contenant 95 milliards de spermatozoïdes !

## L'INSÉMINATION ARTIFICIELLE

La truie ovule environ aux deux tiers de ses chaleurs. Elle produit entre 10 et 25 ovules dont la durée de vie est de 8 à 10 heures, ce qui est plus court que celle des spermatozoïdes (24 à 36 heures). L'insémination artificielle se prévoit donc de 12 à 24 heures avant l'ovulation, ce qui laisse le temps aux spermatozoïdes d'atteindre les ovules fraîchement libérés.

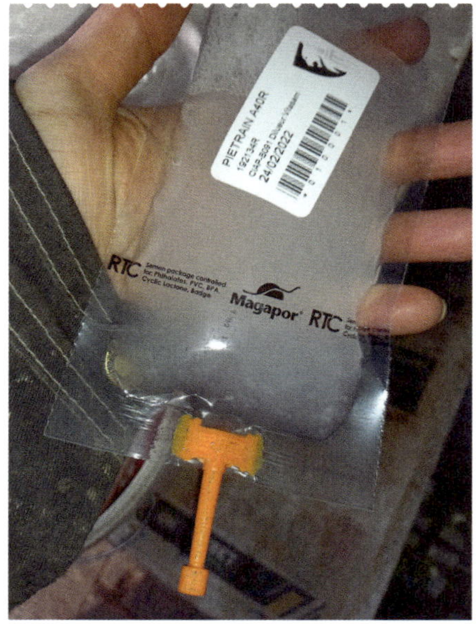


Poche de sperme utilisée pour l'insémination artificielle.

### La sympathie de l'inséminateur récompensée

L'insémination artificielle demande un contact intime entre la truie et un humain, qui va simuler la monte. Si la truie ne trouve pas la personne qui la pratique assez sympathique, par exemple si c'est le vétérinaire qui vient la vacciner ou lui faire d'autres choses désagréables, elle aura tendance à rejeter le sperme, ce qui peut conduire à des portées moins garnies. Soyez donc bien gentil avec elle si vous souhaitez une abondante progéniture !

Les porcelets apprennent très tôt les gestes de la monte naturelle.

L'insémination peut être pratiquée par un éleveur ou par un vétérinaire. Il est alors nécessaire de commander des « doses » de spermatozoïdes, achetées à un centre d'insémination agréé (consulter les bonnes adresses en fin d'ouvrage). Certains éleveurs professionnels prélèvent les semences sur les verrats pour inséminer leurs truies. La pochette de semences est lentement réchauffée à 35 °C. Elle est ensuite raccordée à une sonde d'insémination qui sera lubrifiée puis introduite dans le vagin, dirigée vers le haut. Elle est ensuite vidangée, et la truie est mise au repos pendant quelques heures. Pensez à appuyer sur le dos de la truie pendant l'opération pour simuler une monte naturelle, elle n'y verra que du feu !

# LA GESTATION

La période de gestation est habituellement de 115 jours, que la sagesse populaire retient comme « trois mois, trois semaines et trois jours ». La truie n'a plus de chaleurs, elle grossit peu à peu et ses mamelles gonflent. La prise de poids peut atteindre 40 %, ce qui comprend le poids des embryons, mais aussi et surtout de l'enveloppe protectrice. Durant cette période, l'éleveur veille particulièrement à l'alimentation (mais évitera de mener sa ou ses truies à un surpoids), à permettre aux truies de prendre l'air et de faire de l'exercice, et à éviter tout stress chez l'animal. On essaie en général de maintenir les truies gestantes en groupe. Cependant, si des bagarres ont lieu avec des congénères, on les sépare le temps de la gestation.

Des avortements peuvent arriver à la suite de différents événements, comme des infections localisées de la mamelle ou de l'utérus, des affections virales (notamment le rouget), des traumatismes physiques ou psychiques (stress) ou des erreurs d'alimentation (trop importante ou mal équilibrée). Ils peuvent être partiels ou totaux, c'est-à-dire que si suffisamment d'embryons restent vivants, la grossesse se poursuivra jusqu'au terme. Si vous observez des difficultés de gestation chez une truie, n'hésitez pas à faire appel à un vétérinaire pour vérifier si une intervention est nécessaire.

Du repos pour la truie gestante.

Bien alimenter la truie gestante, un gage de réussite.

# LA MISE-BAS

## LA PRÉPARATION

Dès le 85e jour de gestation, des compléments de vitamines A, D3 et E peuvent être distribués aux truies, ainsi qu'un vermifuge. Il est nécessaire de les demander auprès de votre vétérinaire. Dans la semaine précédant la mise-bas, l'éleveur veillera à réduire la ration de la truie gestante pour éviter toute constipation. La température idéale de l'environnement est de 15 °C. À l'approche de la mise-bas, la truie cherche à confectionner un nid. On aura prévu à son attention une épaisse couche de litière composée de paille ou de copeaux de bois. Il est préférable que la mise-bas ait lieu dans un local, au calme, à l'abri des courants d'air et sous lampe chauffante. 2 à 3 heures avant la parturition, du lait maternel apparaît aux mamelles. Attention, le grand événement arrive!

## LA DÉLIVRANCE

Il est préférable d'être présent lors de la mise-bas, pour réagir en cas de souci. Une mauvaise présentation des porcelets est rare, mais il peut être nécessaire de dégager les jeunes des enveloppes qui pourraient les étouffer. La truie le fait normalement d'instinct, mais en plein travail, elle pourrait ne pas arriver à suivre. Le risque le plus important dans cette étape cruciale est l'écrasement des petits par la mère. Dans ce cas, la truie pourrait se mettre à manger le cadavre et d'autres porcelets. Ce cannibalisme est généralement la conséquence d'une carence alimentaire. Une truie peut donner naissance à un nombre variable de petits : entre un et vingt! Les cochettes et les truies âgées sont en général moins prolifiques.

### Comment éviter l'écrasement des porcelets ?

Les truies peuvent être très agitées après la mise-bas et changer fréquemment de position. Par conséquent, des morts par écrasement peuvent se produire, en particulier lorsque les truies sont couchées ou se retournent. Une solution est d'avoir recours à des artifices comme des barres anti-écrasement ou un local présentant des murs inclinés, offrant une zone sûre pour les petits. Les éleveurs professionnels utilisent des cages de maternité réduisant les mouvements de la truie et permettant aux porcelets de se tenir à coté, sous une lampe chauffante. Cependant, cette cage n'est pas des plus confortables pour la mère. Pendant l'alimentation de la truie ou le nettoyage de l'enclos, vous pouvez aussi retirer les porcelets délicatement pour les éloigner des mouvements de leur mère. Étant donné que ce sont souvent les porcelets faibles qui risquent d'être écrasés, il est toujours préférable de bien veiller à ce que chacun puisse bénéficier de la chaleur et du lait maternel.

Après les naissances, la mère expulse le placenta et le consomme. Il faut bien s'assurer que l'expulsion a eu lieu, sans quoi la mère risque une infection. Si la mise-bas est anormalement longue (plus de 5 heures) ou en cas de renversement de l'utérus, il faut appeler d'urgence un vétérinaire. Il est évident que plus grande est la confiance entre l'animal et son éleveur, plus facile sera l'intervention pour lui venir en aide si nécessaire.

# DES GESTES À FAIRE DIRECTEMENT APRÈS LA NAISSANCE

Le porcelet nouveau-né a une autonomie en énergie très réduite par rapport aux autres jeunes mammifères. Petit et humide, il risque de prendre froid et consacre son peu de réserves à se réchauffer et à tenter d'atteindre les mamelles de la truie pour la prise du premier lait, le colostrum. Vous pouvez le frictionner avec de la paille ou des serviettes pour augmenter sa température corporelle. La lampe chauffante ou le tapis chauffant sont des accessoires très utiles pour permettre aux petits de se réchauffer et de sécher aussi vite que possible. Les jeunes ne seront pas en contact direct avec un sol bétonné froid : la présence d'une généreuse couche de litière, régulièrement renouvelée, est indispensable. On peut désinfecter leur nombril, nettoyer la partie postérieure de la truie, ainsi que le sol et le local pour éviter la prolifération de germes pathogènes.
À la naissance, le porcelet pèse entre 1 et 1,5 kg. Pendant 2 jours, la truie produit un lait de composition spéciale, le colostrum, très riche en azote et en anticorps, qui aide le petit à développer une immunité.

Barres anti-écrasement.

Jeune porcelet sous lampe.

# LES SOINS AUX PORCELETS

## L'ALLAITEMENT

Riche en matières grasses et azotées, le lait de truie a une composition adaptée aux besoins des porcelets. Il est produit en abondance : environ 300 litres pendant les 60 premiers jours de lactation ! Le manque de lait est relativement rare. Pour pouvoir allaiter correctement, la truie doit boire beaucoup d'eau et disposer d'une alimentation de qualité, bien concentrée en nutriments. Les porcelets tètent environ toutes les heures, absorbant entre 20 et 30 grammes de lait lors de chaque prise. Ils peuvent parfois occasionner des blessures aux mamelles. La lactation diminue après un maximum atteint vers la troisième semaine après la naissance. Dès lors, on conseille de mettre de la nourriture solide (foin, céréales, farine…) à disposition des porcelets.

Allaitement.

Gros plan sur la tétée.

# Observer la tétée

Une tétée dure entre 2 et 3 minutes, et l'éjection de lait se réalise en 10 à 20 secondes. Les porcelets d'une même portée tètent simultanément toutes les 30 à 70 minutes, et jusqu'à 20 fois par jour. Une tétée comporte 5 phases distinctes que vous pourrez observer.
Lors des trois premières phases, un processus de communication s'établit entre la truie et ses petits pour garantir que les porcelets soient sur les mamelles quand l'éjection de lait commence.

**Phase 1 :** la truie se couche, expose ses mamelles et émet une série de grognements de plus en plus rapprochés. Les porcelets luttent entre eux pour accéder aux mamelles.
**Phase 2 :** les porcelets massent les mamelles rythmiquement.
**Phase 3 :** ils stimulent la libération d'ocytocine de la mère par des mouvements de succion lents.
**Phase 4 :** l'éjection de lait se produit, pour le bonheur des porcelets qui réalisent des mouvements de succion rapides. La truie augmente la fréquence de ses grognements.
**Phase 5 :** après l'éjection, les porcelets massent les mamelles et réalisent des mouvements de succion lents. On pense que pendant cette phase, les porcelets stimulent la synthèse de lait qu'ils consommeront à la prochaine tétée. Pendant ce temps, la truie diminue la fréquence de grognements.

## LES CONDITIONS D'ÉLEVAGE

C'est la première semaine de vie des porcelets que le risque de mortalité est le plus important. Cette période nécessite toute l'attention de l'éleveur. Les porcelets sont particulièrement sensibles aux basses températures. Avant 2 semaines de vie, ils ne sont pas en mesure de produire eux-mêmes de la chaleur. On maintiendra donc une température d'environ 30 °C la première semaine et elle pourra ensuite descendre progressivement jusqu'à atteindre 18 à 20 °C la quatrième semaine. On évitera les courants d'air. Les jeunes doivent toujours disposer d'un abri avec une litière sèche et pouvoir maintenir des contacts avec leur mère dans une ambiance calme. La castration des mâles, si elle est souhaitée, doit être réalisée avant l'âge de 7 jours, de préférence sous anesthésie et avec analgésie (gestion de la douleur) (voir page 38).

Vers 3 semaines, un déséquilibre alimentaire apparaît : la lactation de la mère, à son maximum, ne suffit plus ; les porcelets passent alors à leurs premiers repas solides. Une carence en fer peut aussi se produire à cet âge car le lait de la mère n'en contient pas : un complément peut donc être nécessaire (à demander au vétérinaire). Enfin, les anticorps fournis dans le lait maternel sont réduits, et l'immunité doit maintenant se développer chez les jeunes, qui sont donc plus sensibles aux germes. Si les animaux présentent des diarrhées, un arrêt de croissance et un pâlissement de la peau, appelez sans tarder un vétérinaire.

# LE SEVRAGE

## FAUT-IL SEVRER ?

Le sevrage est l'étape délicate de la séparation des porcelets de leur mère et de l'arrêt intégral de l'allaitement. Si c'est une étape habituelle chez les éleveurs professionnels, elle peut aussi être nécessaire en élevage amateur

pour soulager la truie. En effet, l'allaitement lui demande beaucoup d'énergie, qu'elle comble partiellement avec ses réserves : elle s'amaigrit et a besoin de reprendre des forces. Parallèlement, les tétines de la mère finissent par être fortement blessées par les porcelets lors de la tétée, d'autant que leurs dents se développent progressivement.

## QUAND EFFECTUER LE SEVRAGE ?

Plus le sevrage est tardif, plus le système digestif du porcelet sera mature, et mieux se passera la transition alimentaire lors du sevrage. Les porcelets sont plus robustes, plus résistants au froid, plus combatifs face à la concurrence au nourrissage, plus résistants aux maladies. On conseille en général de sevrer les porcelets à l'âge de 35 à 42 jours.

Porcelets à l'âge du sevrage.

## COMMENT PROCÉDER ?

Pour le porcelet, le sevrage est un choc psychologique (séparation d'avec la mère) et physiologique (changement des habitudes alimentaires). Pour ne pas ajouter une source de stress, on gardera les porcelets au même endroit pendant encore au minimum une semaine. Ces perturbations peuvent entraîner un affaiblissement de leurs défenses immunitaires, une perte d'appétit, une mobilisation des réserves du corps. Ils ont à ce moment des besoins thermiques accrus.
La transition alimentaire doit se faire en douceur : les aliments solides sont distribués aux porcelets dès l'âge de 3 semaines, et leur composition est modifiée au fur et à mesure de la croissance des jeunes. Lors de cette phase, il est conseillé d'acheter un aliment spécialisé et de suivre les recommandations données par le fournisseur concernant la distribution (quantité, fréquence). Toute la difficulté du sevrage réside dans le fait que le changement d'alimentation se traduit souvent par des diarrhées qui, à leur tour, favorisent la multiplication de colibacilles et l'apparition de gastro-entérites et d'œdèmes intestinaux.

Une fois l'étape de sevrage passée, les gorets sont prêts pour mener leur vie d'adolescent puis d'adulte, chez vous ou chez des personnes adoptantes. Si vous souhaitez vendre des porcelets, veillez néanmoins à effectuer les démarches légales nécessaires pour être en ordre avec les autorités locales.

cochon plein air
élevé à la ferme.
colis de viande...

# VALORISER *la* VIANDE

# UNE DÉMARCHE PERSONNELLE

## ÉLEVER PUIS MANGER ?

Élever des animaux pour en consommer la viande est un choix personnel. Certains ne le pourraient pas, et c'est compréhensible ! Accompagner l'animal tout au long de sa vie est fascinant, et un lien se crée. Abréger la vie de l'animal est une décision difficile, et le faire soi-même est encore plus compliqué. Cependant, c'est dans l'ordre des choses, notamment dans une optique de réappropriation de son alimentation. Le choix d'un régime carné implique la mort programmée d'animaux de ferme, alors autant le faire dans les meilleures conditions : assurer une vie riche et bien remplie aux animaux, et procéder avec respect et douceur jusqu'à leur dernier souffle.

Ce chapitre vous donnera les informations nécessaires pour procéder à ces étapes et valoriser le mieux possible la viande, pour faire honneur à l'animal sacrifié. C'est la moindre des choses ! Et vous le verrez, un cochon sacrifié, c'est une quantité de viande qui permet de nourrir une famille pendant de longs mois, selon votre rythme de consommation.

## ABATTRE EN ABATTOIR OU CHEZ SOI ?

Si vous souhaitez consommer la viande de vos cochons, vous pouvez choisir parmi deux options : abattre à l'abattoir ou à votre domicile. Plusieurs éléments peuvent intervenir dans votre décision. En premier lieu, la façon dont vous souhaitez accompagner vos animaux dans cette étape délicate. De nombreux éleveurs professionnels revendiquent un abattage de leurs animaux à la ferme par envie d'assister, voire d'être acteur, jusqu'au bout. Deuxièmement, l'accessibilité d'un abattoir pour porcs ouvert aux abattages de particuliers est également à vérifier. Les abattoirs, structures peu rentables, ont tendance à fermer ou à se privatiser, entraînant des difficultés d'accès tant pour les particuliers que pour les petits éleveurs. Troisièmement, si vous souhaitez le faire chez vous, il sera nécessaire de vous entourer de personnes qualifiées (formation et expérience en boucherie) pour les opérations de mise à mort, d'habillage, de découpe et de préparation de la viande. Nous décrirons dans ce chapitre les étapes de mise à mort, nécessitant moins de qualifications en boucherie que les étapes suivantes, qui sont plus techniques et plus délicates, car il en va de la qualité sanitaire de la viande. Elles demandent par ailleurs des équipements tels qu'une chambre froide, dont on dispose rarement chez soi.

Si vous souhaitez passer par un abattoir, prenez contact avec un établissement pour fixer un rendez-vous, et assurez-vous de pouvoir prendre en charge le transport des animaux, soit par vos propres moyens, soit via un transporteur agréé. Si besoin, habituez pendant quelques jours les animaux à monter dans la remorque qui servira au transport, notamment en les y attirant avec de la nourriture. Les porcs doivent être propres et identifiés. L'abattoir, s'il est équipé d'un atelier de découpe, pourra vous fournir la viande découpée, voire des préparations, selon les services proposés.

# Une chambre froide est-elle nécessaire pour abattre un cochon chez soi ?

La mise à mort du cochon pour la consommation du ménage ne date pas d'hier. Elle est pratiquée depuis des millénaires dans nos campagnes, bien avant l'arrivée des chambres froides. Nos aïeux veillaient à faire coïncider l'abattage avec les mois les plus froids de l'année, afin de réduire les risques sanitaires tels que les développements bactériens ou la présence de mouches. Une fois l'animal abattu, le traitement de la viande était réalisé rapidement, en mobilisant le plus souvent une grande partie des habitants du village, même les enfants. Des techniques de salage, fumage et séchage permettaient de conserver la viande au cellier. De nos jours, des réfrigérateurs et des congélateurs facilitent la prise en charge de la viande après la découpe. Une chambre froide n'est donc pas nécessaire si l'abattage a lieu dans des conditions suffisamment froides (idéalement, une pièce non chauffée pendant des périodes de gel extérieur), si la viande est manipulée de manière hygiénique (surfaces de travail propres, absence d'animaux dans la pièce…) et rapidement placée au frais, au congélateur ou conservée selon les autres méthodes (salage, fumage…). Il est aussi possible d'abattre les animaux chez soi, et de transférer les carcasses via un véhicule réfrigéré chez un boucher, équipé de tout le matériel nécessaire.

# LA CONSOMMATION DE LA VIANDE DE PORC

## LE TUE-COCHON TRADITIONNEL

Traditionnellement, depuis l'Antiquité, chaque foyer élevait quelques porcs pour l'alimentation du ménage. Les naissances avaient lieu au printemps, et les animaux divaguaient autour des maisons et des fermes, à la recherche de vers, de racines, de grains et d'herbe. Ce cycle se poursuivait en automne avec un engraissement aux glands et aux châtaignes, avant de se terminer lors des jours les plus froids de l'hiver, avec le « tue-cochon » (ou « tuaille du cochon »), au moment où le climat était plus froid et permettait de travailler plus proprement. Tout l'animal était valorisé, conservé le mieux possible, en réservant la viande fraîche, rôtie ou bouillie et le pâté aux grandes occasions, particulièrement les noces. Paysans et ouvriers consommaient plus régulièrement de la viande salée ou fumée, du lard et du saindoux, bourrés d'énergie nécessaire pour les travaux physiques.

La mise à mort du cochon était un grand moment de la vie des villages ruraux. Toute la famille et les voisins étaient mobilisés, et les enfants étaient même dispensés d'école. Les hommes de la maison préparaient une grande chaudière d'eau bouillante et une grande table, alors que les femmes et enfants préparaient les récipients, les torchons, le sel et les épices. Le « tueur » procédait au sacrifice et le sang était précieusement recueilli dans une terrine et brassé pour éviter la coagulation. Le porc était nettoyé, découpé et les cochonnailles (boudin, saucisses, saucissons, jambons, noix, etc.) préparées. Cette pratique est inscrite depuis 2012 à l'Inventaire du patrimoine culturel immatériel français.

## LE DÉVELOPPEMENT DE L'ÉLEVAGE PORCIN

C'est au cours du XIXe siècle, donc assez récemment, que l'élevage porcin se développe face à l'expansion des villes et au déclin de l'élevage ménager. Cette professionnalisation de l'élevage a alors pour objectif de nourrir les urbains à bas prix. La consommation de la viande de porc augmente, car elle est signe de richesse et répond au goût des consommateurs en France, en Allemagne et en Angleterre, tandis que les peuples méditerranéens se tournent davantage vers le mouton. La viande rouge bovine est encore un luxe inaccessible aux bourses modestes. Les cochonnailles apprêtées de multiples façons (pommes de terre, choux, choucroute, haricots blancs, pommes...) sont quotidiennement au menu. L'élevage est alors très rémunérateur.

« Paysans occupés à tuer le cochon », Pieter Brueghel le Jeune (1564-1647) / DR.

Après l'Armistice de 1918, l'heure est à la reconstruction et à l'industrialisation en Europe, avec le développement de l'électricité et des réseaux d'eau potable. C'est dans les années 1920 que se développe la première porcherie expérimentale près de Verdun, selon des principes hygiénistes et de rentabilité de « grands porcs blancs ». L'élevage industriel se développe ensuite pour devenir aujourd'hui le mode d'élevage dominant. Une évolution qui se fait au détriment de l'environnement, du bien-être animal et même de la rémunération des éleveurs. Le prix de la viande de porc n'a jamais été aussi bas, le rendant accessible à tous, mais cette perte de valeur provoque aussi plus de gaspillage alimentaire. Heureusement, en réponse au développement de l'industrie, des filières de qualité différenciée se mettent en place : bio, élevage de plein air... Vous retrouverez en annexe (p. 112) un tableau comparatif des différents types d'élevages.

Le porc est aujourd'hui la première viande consommée en Europe, avec une moyenne de 34 kg par an et par habitant, les trois quarts sous forme de charcuterie et le quart restant sous forme de viande fraîche. Il n'est cependant pas consommé par les Juifs et les musulmans, en raison d'interdits religieux.

Un élevage de porcs bio et en plein air dans les Ardennes belges.

# VIANDE PORCINE ET SANTÉ

La viande porcine représente une excellente source de protéines et comporte un profil lipidique intéressant. Elle contribue aux apports de phosphore et de zinc, et on apprécie son effet coupe-faim. La teneur en gras varie de 3 à 30 % selon les produits, le jambon et le filet mignon faisant partie des pièces maigres. Le gras situé en périphérie des muscles est le plus souvent visible et facile à enlever.

# PRÉCAUTIONS SANITAIRES

## La présence de parasites transmissibles à l'homme

Si elle n'est pas préparée convenablement, la viande porcine peut présenter des risques sanitaires. Le plus connu est la trichinose, une maladie due à un ver nématode (embranchement des vers ronds dans le règne animal) infestant les animaux. Une fois ingérées, les larves de ce parasite empruntent le réseau sanguin ou la voie lymphatique, pénètrent dans les cellules musculaires et s'enkystent. Les principaux symptômes de la trichinose sont fièvre, douleurs abdominales, diarrhées, nausées, vomissements... Le temps d'incubation est variable (1 à 3 semaines). La contamination est source de multiples complications (problèmes cardio-respiratoires, encéphalite...).

La viande peut aussi être contaminée par le ténia du porc ou cysticercose. Ce parasite est également présent sous forme de larve au niveau des muscles chez le cochon et chez l'humain. Les signes cliniques dépendent de la localisation des larves, de leur nombre et de leur taille. Des complications graves peuvent survenir lorsque les larves se localisent dans l'œil ou le système nerveux central.

La consommation de viande crue de porc présente également le risque de contaminations par la toxoplasmose.

Pour ces raisons, la viande porcine n'est jamais consommée crue. Si des contrôles systématiques dans les abattoirs permettent de mieux se protéger contre les maladies, il faut être très prudent dans le cadre d'une consommation ménagère d'animaux abattus chez soi.

## La présence de molécules issues des traitements vétérinaires

Les traitements vétérinaires, y compris les vermifuges, nécessitent un temps d'attente pour la consommation de viande. Ce délai est propre à chaque médicament et indiqué dans la notice ou précisé par le vétérinaire. Prenez donc vos précautions lors du choix de la période d'abattage !

Jambon.

Cuisson de la viande.

# À SAVOIR
# AVANT L'ABATTAGE À DOMICILE

## AUTORISATIONS NÉCESSAIRES

L'abattage à domicile d'animaux élevés sur place et pour consommation du ménage est aujourd'hui possible pour la plupart des animaux d'élevage, y compris les porcins, et à l'exception des bovins. L'article R231-6 du Code rural et de la pêche maritime français précise : « La mise à mort hors d'un abattoir est autorisée : [...] lors de l'abattage des animaux des espèces caprine (chèvres), ovine (moutons), porcine ainsi que des volailles et des lapins d'élevage, dès lors que cet abattage est réalisé par la personne qui les a élevés et que la totalité des animaux abattus est réservée à la consommation de sa famille [...]. L'élevage aura préalablement été enregistré à l'EDE et aura désigné un vétérinaire sanitaire auprès de la DDPP. » Notons que l'éleveur peut faire appel à une personne extérieure comme un boucher pour réaliser l'abattage chez lui.

En Belgique, dans le cas d'un abattage privé à domicile, une déclaration d'abattage doit être faite par le propriétaire auprès de la commune où est établi son domicile, au moins 2 jours avant l'abattage. Le particulier reçoit alors un récépissé de sa déclaration, qu'il est tenu de conserver. Afin d'être autorisé à déclarer un abattage privé, il est indispensable de se faire préalablement enregistrer auprès de la commune ou du siège de l'unité locale de contrôle de l'AFSCA.
Les abattages privés effectués en dehors de l'abattoir ne doivent pas obligatoirement faire l'objet d'une expertise, contrairement aux abattages qui ont lieu dans un abattoir.

## L'ÂGE D'ABATTAGE

Le porc se consomme à trois âges différents :

- Les porcs charcutiers sont abattus à un poids de 115 à 120 kg, soit environ 6 mois d'âge (pour les races à croissance rapide utilisées communément en élevage professionnel).
- Les truies reproductrices de réforme sont abattues après plusieurs années. Leur viande sert alors principalement à la transformation (rillettes, saucisson...).
- Les cochons de lait sont abattus avant la fin du sevrage, soit à moins d'un mois d'âge. Leur alimentation uniquement lactée confère une viande particulière, blanche et tendre, facile à cuire au four ou à la broche.

Outre l'aspect de la qualité de la viande liée à ces différents âges, il est important de se rendre compte que l'animal abattu est une vie sacrifiée. D'un point de vue éthique, l'abattage de porcelets à un âge si précoce pose davantage de questions.

## L'ABATTAGE DE MÂLES ENTIERS

Si, en général, les mâles sont castrés quelques jours après la naissance, l'abattage de mâles entiers peut poser un problème. Une proportion de ces animaux présente en effet un « défaut » de la viande, appelé « odeur de verrat ». Elle est due à une accumulation dans les tissus adipeux d'androstérone, une hormone sexuelle, et de scatol, un autre composé organique. La viande présente une odeur et un goût plus forts, généralement jugés désagréables, même si les Anglais, par exemple, y sont davantage habitués. Si elle ne concerne que 5 à 10 % des verrats, cette odeur est difficilement détectable avant abattage : la carcasse de l'animal est alors dépréciée, préférentiellement utilisée pour des charcuteries et mélangée à d'autres viandes, voire carrément non consommée. Si vous pensez valoriser la viande de porcs mâles non castrés, soyez donc conscient des risques au niveau de la flaveur de la viande.

# PRÉPARER L'ABATTAGE

## Au moins une semaine avant le jour J

La mise à mort est une étape difficile, tant pour l'éleveur qui porte cette responsabilité tout en étant attaché à ses animaux, que pour l'animal lui-même, bien entendu. Il est donc important de bien se préparer et de s'entourer de personnes compétentes (éleveurs, bouchers…).

Entourez-vous de personnes expérimentées, au moins pour la première fois. Si ces compétences ont tendance à se perdre, les campagnes comptent encore quelques praticiens, principalement dans les fermes. Les animaux apprécieront cependant votre présence rassurante, ce qui réduira leur stress et les risques d'échec de l'étourdissement.
Il est important de savoir qu'il y a des obligations à respecter, notamment celle d'étourdir l'animal avant la saignée. Cette étape peut être réalisée de différentes manières. C'est le pistolet à tige perforante (ou matador) qui est généralement utilisé. Il va percuter la boîte crânienne de l'animal pour atteindre le cerveau. En abattoir, l'électronarcose (choc électrique) et l'étourdissement par gazage au $CO_2$ sont également utilisés. Cependant, en raison des infrastructures nécessaires, ces méthodes sont inadaptées aux abattages domestiques. Il n'est plus autorisé d'assommer les porcs par un coup de masse sur la tête ou sur le groin, pratique autrefois commune dans les campagnes, mais contraire au bien-être animal.
Choisissez à l'avance un lieu d'abattage présentant une surface aussi propre que possible pour éviter les contaminations. Les animaux doivent être familiers de l'endroit désigné : il vaut mieux qu'ils le fréquentent au moins une semaine avant le jour de l'abattage.

Pour votre consommation personnelle, vous abattrez rarement plus de deux ou trois porcs au même moment. Séparez-les aussi une semaine à l'avance d'éventuels autres compagnons, afin que les autres animaux n'assistent pas à l'abattage et que le groupe soit le plus calme possible.

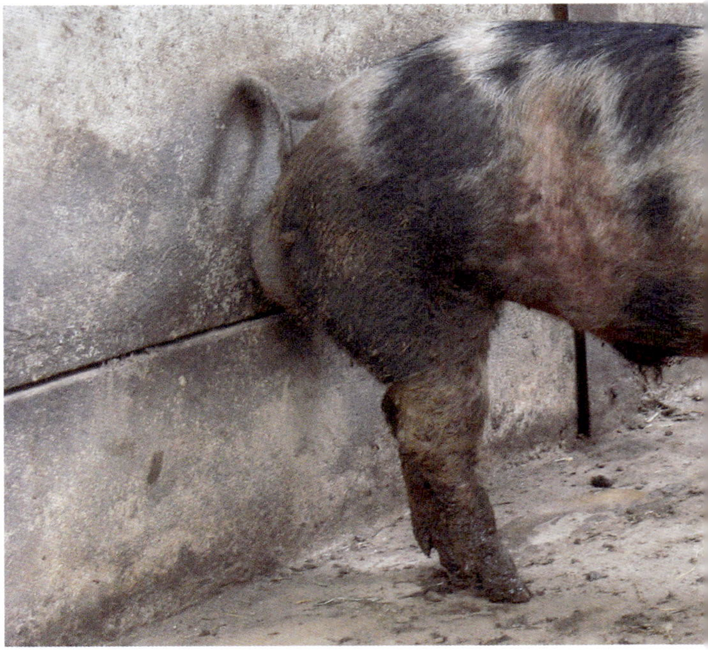

Verrat.

### Pour un stress minimum

Habituez les animaux pour réduire le stress le jour J : vous pouvez simuler les gestes qui seront faits le jour de l'abattage, voire peut-être faire venir la personne qui réalisera l'étourdissement et la saignée. En effet, quand il y a des nouveautés par rapport à la « routine », les animaux sont plus attentifs et donc plus prudents, ce qui rendra les manipulations plus difficiles et augmentera le stress.

## Le jour J

Préparez et vérifiez le bon état et le fonctionnement du matériel nécessaire : le pistolet à tige perforante, les couteaux bien aiguisés qui serviront à la saignée, et les autres ustensiles utiles comme des récipients, un brûleur pour l'épilation, etc.

Le petit groupe d'animaux à abattre (minimum deux) sera maintenu ensemble. En effet, si l'on essaie de séparer un individu du reste du groupe pour l'abattre dans un autre lieu, il sera plus nerveux, et son agitation risque de nuire à la qualité de l'étourdissement, qui est primordiale. Un abattage dans une atmosphère calme, avec des gestes lents et précis, sans hausser le ton de la voix, maintiendra les animaux hors d'état d'alerte. S'ils n'identifient pas de prédateur ou de menace, les animaux ne se rendront pas compte de ce qui se passe autour d'eux.

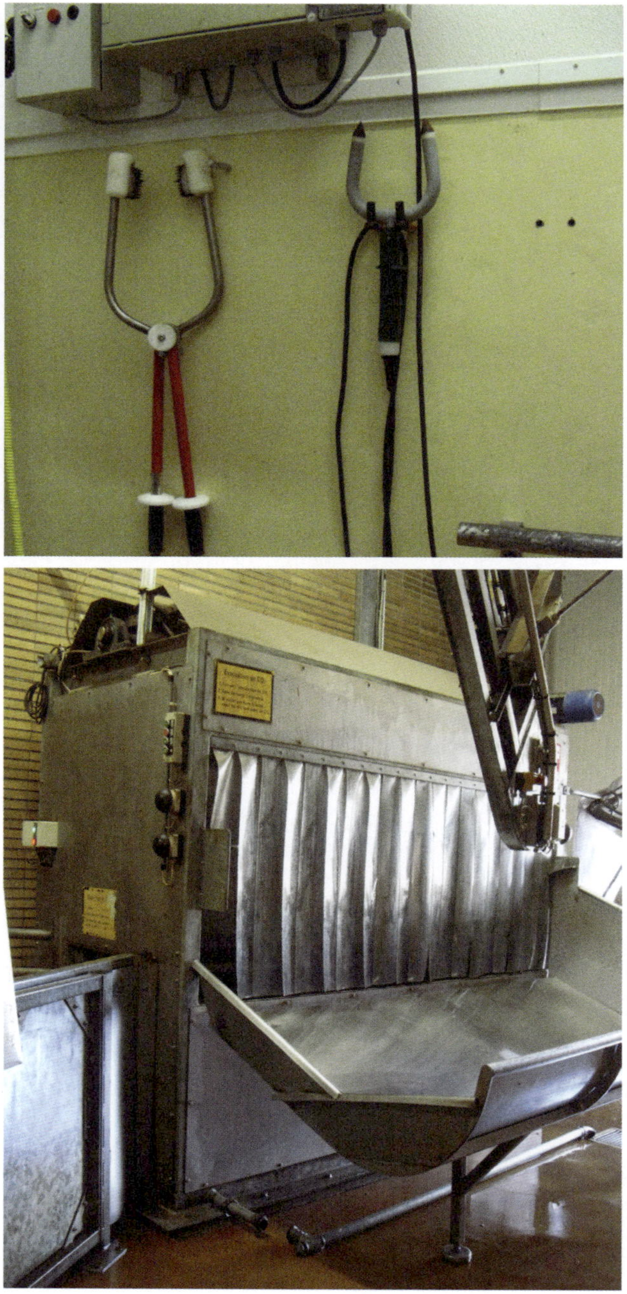

En abattoir, l'étourdissement est le plus souvent réalisé par électronarcose (en haut) ou par une chambre au $CO_2$ (en bas).

# LES ÉTAPES DE L'ABATTAGE

## LA MISE À MORT

### L'étourdissement

Étape obligatoire de l'abattage, l'étourdissement a pour objectif de rendre l'animal inconscient afin d'éviter le stress et la douleur de la saignée. Comme précisé plus haut, c'est en général le pistolet à tige perforante qui sera utilisé à cet effet. Posé sur le front de l'animal, l'outil permet de perforer le crâne jusqu'au cerveau, ce qui génère une onde de choc et la destruction des tissus. Le cortex cérébral et les structures profondes du cerveau cessent de fonctionner, ce qui entraîne la perte de conscience et de sensibilité immédiate de l'animal. La zone d'étourdissement correspond à un point très précis. Imaginez des lignes qui relient un œil et l'oreille opposée : le point d'étourdissement se situe à leur intersection. Il faudra donc être très précis, et que l'animal ne bouge pas, lors de l'étourdissement.

### La qualité de l'étourdissement

Vous pourrez juger de la bonne qualité d'étourdissement à différents indices : l'effondrement immédiat de l'animal, l'absence de mouvements de tête, les yeux fixes et immobiles avec absence de réflexe cornéen (absence de mouvement de l'œil et des paupières après effleurement de la cornée), l'absence de vocalisation et de rythme respiratoire. En cas de doute, afin d'éviter toute reprise de conscience de l'animal, répétez l'opération.

Dans les abattoirs, la précision de l'étourdissement est obtenue via une immobilisation obligatoire des animaux. On utilise alors des barres de contention spécifiques. Étant donné que l'on est rarement équipé de la sorte chez soi, pour un abattage ménager, il devient plus compliqué et très stressant de maintenir l'animal immobile « de force ». On peut alors procéder d'une autre manière. Nourrissez

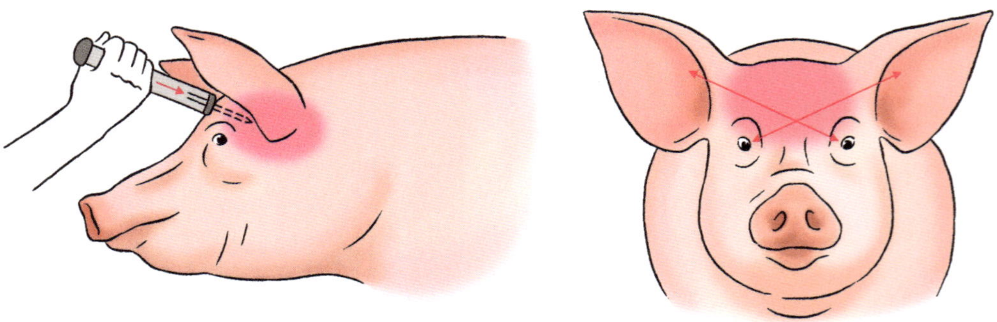

Le point d'étourdissement.

l'animal dans sa mangeoire habituelle, positionnez-vous face à lui et appliquez le pistolet à tige perforante sur le point d'étourdissement. Le porc sera normalement tellement occupé à manger qu'il ne devrait pas réagir, surtout s'il a été habitué au préalable. Déclenchez le pistolet, en étant prêt pour la suite des opérations. L'inconvénient de cette méthode est la difficulté de rattrapage en cas d'échec, tandis qu'un animal immobilisé n'aura pas la possibilité de fuir, ce qui permet de recommencer l'opération instantanément.

## La saignée

Soit l'animal est en position couchée, soit il est suspendu rapidement après l'étourdissement à l'aide d'un tracteur muni d'un chargeur frontal. Dans ce dernier cas, la personne qui pratiquera la saignée, l'épilation puis l'éviscération pourra travailler à hauteur d'homme, en ayant accès à tous les côtés de l'animal, sans devoir le retourner.
La saignée se pratique en général avec un couteau adapté à la saignée des porcs, soit apporté par le boucher, soit acheté dans un magasin spécialisé. Stérilisé et bien aiguisé, il est introduit au niveau du sternum pour sectionner les gros vaisseaux sanguins à la base du cœur.

La saignée provoque rapidement des mouvements réflexes : le corps s'agite nerveusement, ce qui pourrait laisser croire que l'animal est conscient. En réalité, ces spasmes et les mouvements de pédalage des pattes arrière sont tout à fait normaux et cessent au bout de quelques minutes. Il faut être très prudent et attentif car ces mouvements peuvent être dangereux pour les personnes situées à proximité. Le sang est le plus souvent récupéré dans un récipient stérile, maintenu sous la plaie de saignée. Il permet de réaliser certaines préparations comme le boudin noir. On peut en collecter environ 5 litres sur un individu. Il faudra alors le remuer sans interruption pendant plusieurs minutes afin qu'il ne coagule pas. Soyez toujours attentif à l'hygiène : si vous suspectez que le sang recueilli est souillé, jetez-le sans hésiter.

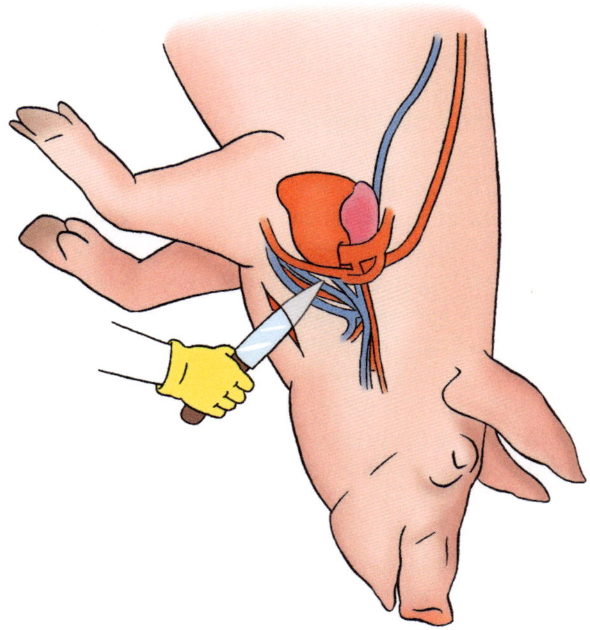

Une fois l'étourdissement réalisé, on procède directement à la saignée.

# L'HABILLAGE

Après la mise à mort de l'animal, on réalise l'habillage qui comprend l'épilation, l'éviscération et la fente en deux de la carcasse. Dans les abattoirs, l'épilation est le plus souvent réalisée grâce à un bain d'eau très chaude. Pour un abattage à domicile, on utilisera un brûleur que l'on passera sur le corps pour griller les soies. Après rinçage à grande eau, un frottage avec une brosse à poils durs enlèvera les dernières impuretés. L'éviscération demande des compétences très pointues pour extraire les organes sans provoquer de lésions risquant de contaminer la viande. Nous ne détaillerons pas ces étapes ici : mieux vaut faire appel à un professionnel. Il réservera aussi les abats comestibles qui pourront être préparés par ailleurs. La carcasse est ensuite coupée en deux et rapidement placée en chambre froide pour descendre la température à cœur et éviter les risques de contaminations biologiques.

Cuve permettant l'échaudage des porcs en vue de leur épilation.

# LA DÉCOUPE

La carcasse est laissée une nuit à l'air libre pour ressuyer, c'est-à-dire perdre son humidité de surface. Ensuite, un débitage (découpage) permettra d'en extraire les différentes pièces de viande fraîche. Ici aussi, les gestes sont précis : la boucherie est un métier très technique pour valoriser toute la viande d'un animal dans des conditions sanitaires impeccables, et pour préparer ensuite les différentes transformations : pâtés, tête pressée, etc. Une fois encore, l'intervention d'un professionnel qualifié et équipé est indispensable pour cette étape.

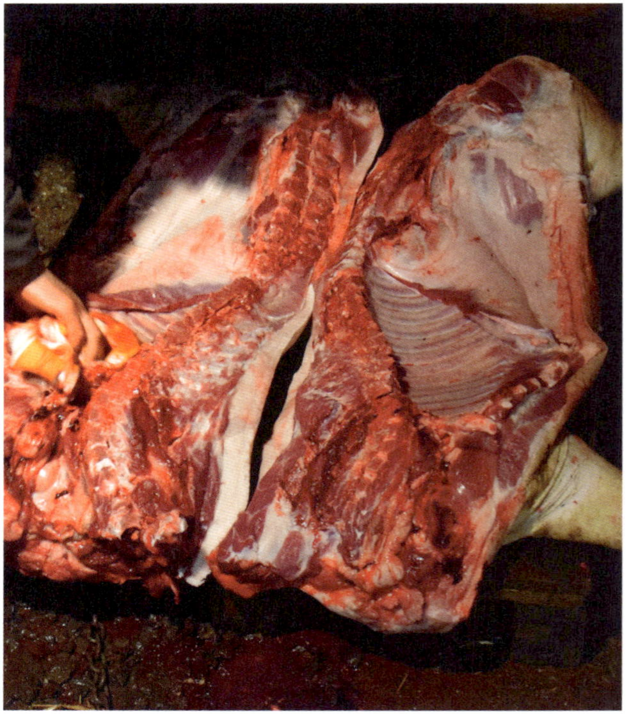

Habillage d'un porc abattu à domicile : fente en deux de la carcasse.

# LA VALORISATION DE LA VIANDE

## TOUT EST BON DANS LE COCHON !

Chez le porc, tout se mange. Un animal donne de la viande fraîche et différents sous-produits utilisés pour les préparations en autoclave (four permettant une cuisson sous pression) ou en charcuterie fraîche ou sèche : maigre, foie, rognon, couenne, différents gras, etc. Le tableau suivant reprend les quantités de produits issus d'une carcasse moyenne de 115 kg après abattage (environ 150 kg vif), après transformation.

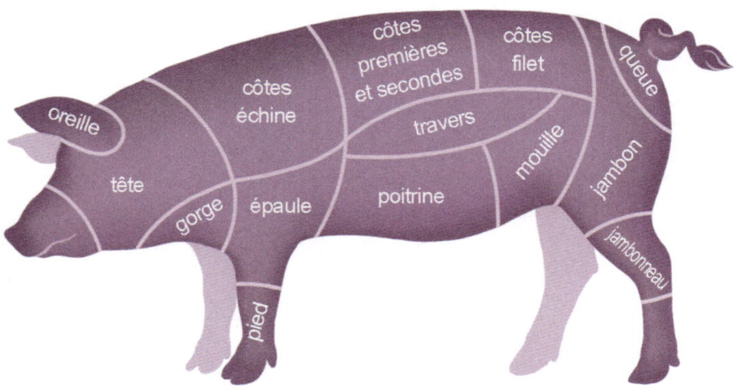


| | Grammes |
|---|---|
| **VIANDE FRAÎCHE** | **8.150** |
| Côte | 2.500 |
| Rôti | 2.500 |
| Filet | 1.000 |
| Costillon | 1.000 |
| Sauté | 1.000 |
| Fricandeau | 150 |
| **PRODUITS AUTOCLAVÉS** | **28.025** |
| Joue | 325 |
| Cervelas | 10.000 |
| Confits | 3.500 |
| Pâté de couenne | 3.500 |
| Pâté de campagne | 7.000 |
| Boudin | 3.700 |
| **AUTRES** | **500** |
| Pieds | 500 |
| **CHARCUTERIE FRAÎCHE, SÈCHE ET SALAISONS** | **58.350** |
| Saucisse fraîche | 6.000 |
| Jambon | 26.000 |
| Roulé | 5.500 |
| Saucisse sèche | 3.350 |
| Saucisson sec | 17.500 |
| **TOTAL** | **95.025** |

*Source : Agriculture & Territoires (2013).*

## LA VIANDE FRAÎCHE ET LA CUISSON

Voici une petite description des différentes pièces de viande fraîche et de la meilleure manière de les préparer :

- **Les côtes** sont plutôt maigres quand elles sont taillées dans le carré ou le filet, plutôt charnues et plus tendres si elles sont issues de la pointe du filet, et plutôt grasses si elles proviennent de l'échine. Privilégiez une cuisson douce à la poêle.
- **Le filet mignon** est peu gras et tendre. Il peut être découpé en médaillons ou en grenadins, et se prépare alors à la poêle. Entier, il est délicieux braisé ou rôti au four.
- **Le sauté**, provenant de l'échine, de l'épaule, de la pointe du filet, de la palette ou de la rouelle, est découpé en carrés. On saisit ces derniers à la poêle, puis on les laisse mijoter en sauce. On peut aussi les faire rissoler à feu doux sans sauce.
- **L'escalope** provient du jambon, du filet, de la palette ou du carré de côtes, découpés en fines tranches et généralement cuisinés en sauce.
- **Le carré de côtes** a une chair maigre, et ce sont les os qui lui donnent tout son goût. On peut le rôtir au four à température moyenne.
- **Le rôti** provient de l'échine, de la pointe, de l'épaule ou du filet.
- **La poitrine de porc** est issue du ventre de l'animal, elle est utilisée pour le lard, les lardons et le bacon.
- **Le jambon** est la cuisse arrière du cochon.
- **L'épaule** a une chair fibreuse se prêtant aux cuissons lentes et longues.
- **Le jarret** est situé dans les parties basses des pattes avant (jambonneau) ou arrière (jarret arrière) et recouvert d'une couenne épaisse. Peu gras et savoureux, il peut être poché dans un bouillon, rôti ou braisé.

## LES PRÉPARATIONS

- **Chipolatas :** elles sont préparées avec un boyau de mouton rempli de chair à saucisse crue, de 2 cm de diamètre et de 17 cm de longueur environ, pour un poids de 55 g en moyenne. On les prépare nature ou aux herbes et épices.

Filet pur.

Carbonade.

- **Saucisses de Francfort :** elles sont composées de viande de porc et parfois de viande de bœuf, et assaisonnées de cumin. Jaune-ocre, elles sont précuites et légèrement fumées au bois de hêtre. Elles sont souvent consommées en grignotage accompagnées de moutarde, ou en accompagnement d'un plat de choucroute.

- **Les pâtés et terrines** sont préparés à partir d'une farce cuite composée de viandes, d'abats, d'épices et parfois de légumes (chou) et de fruits frais (pommes) ou secs (noix, noisettes), et liés à des œufs, de la gélatine, du lait… La texture est variable selon les ingrédients.

Rôti.

Côte filet.

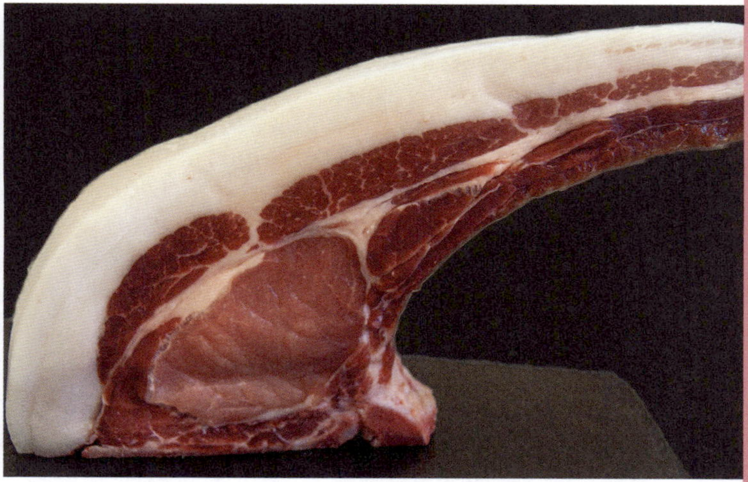

Carré désossé.

Assortiment gourmand.

- **Le pâté en croûte** est réalisé à partir d'une farce de viandes maigres (porc, veau, volaille ou gibier) enrobée d'une pâte à foncer ou feuilletée et mise à cuire.
- **Les rillettes** ont été popularisées dans la ville du Mans, mais proviendraient de Touraine. Elles se composent de viande de porc longuement cuite dans de la graisse, puis pressées. Elles se détachent alors en filaments. Selon la recette, la texture est plus ou moins fine et la couleur varie.
- **Les saucissons cuits** sont préparés à partir d'un hachis fin de viande de porc, assaisonné, selon les recettes, d'épices, de blanc d'œuf ou d'autres ingrédients.
- **Saucisson sec et saucisse sèche** sont composés d'un mélange de viande et de gras de porc hachés plus ou moins finement. Ils sont ensuite assaisonnés et enveloppés d'un boyau pour un séchage et affinage plus ou moins longs (4-10 semaines) à une température de 12-14 °C.

Noix de jambon fumé suspendue auprès des aromates.

- **Le jambon sec** est préparé avec la cuisse de porc, salé par frottage puis mis à sécher pendant plusieurs mois ou années. Certains jambons sont ensuite fumés.
- **Le jambon cuit** est d'abord salé par saumurage puis cuit de différentes façons : dans un bouillon, à la vapeur, au torchon, braisé… il est préparé avec ou sans os.
- **Le boudin blanc** est réalisé à partir de maigre et de gras de porc additionnés de lait, de crème, d'œufs et d'assaisonnements (oignons, carottes, échalotes, thym, laurier, persil, clous de girofle…). Il est ensuite enveloppé dans un boyau puis poché.
- **Le boudin noir** est préparé à partir de sang et de gras de porc, puis assaisonné avant d'être enveloppé dans du boyau puis cuit dans un bouillon.
- **L'andouillette** est une charcuterie cuite à base de boyaux et d'estomac de porc, parfois additionnée de viande de veau. On y ajoute du sel, des épices, des aromates et des condiments.

## LA CONSERVATION

Au réfrigérateur, vous pouvez conserver de la viande de porc et des charcuteries pendant quelques jours, mais seulement 24 h pour les tripes. Les salaisons peuvent être maintenues en dehors du réfrigérateur, toutefois à une température fraîche et dans un endroit sec et aéré, à l'abri des indésirables (insectes, rongeurs…). Les produits peuvent aussi être congelés pour une conservation de plusieurs mois. Pour le jambon cru avec os, il est possible de le stocker dans une pièce fraîche (10-15 °C), sèche et aérée, à l'abri de la lumière. Une suspension permet aux graisses de s'infiltrer pendant l'affinage dans le sens des fibres. Un jambon cru sous vide peut être conservé au frigo plusieurs mois. Bon appétit !

1 Saucisse aux nouilles et légumes sautés.
2 Saucisson.
3 Pâté en croûte.
4 Boudin noir.
5 Terrine de pied et oreille de cochon.
6 Chipolatas

1

2

3

4

5

6

# Conclusion

Nous voici arrivés au terme de cet ouvrage vous donnant toutes les clés pour démarrer et réussir un petit élevage domestique de cochons. Vous aurez découvert comment cet animal fabuleux, intelligent et au comportement bien trempé, peut s'intégrer dans votre jardin et vous rendre de multiples services, en tant que fouisseur et recycleur notamment. Vous disposez de toutes les informations pour les accueillir confortablement et leur apporter aliments et soins en accord avec leurs besoins. Si l'aventure vous tente, vous pourrez même tenter la reproduction d'une ou deux truies en accompagnant les mères et les porcelets. Enfin, si votre objectif est aussi davantage d'autonomie alimentaire, ce livre vous aura apporté de nombreux renseignements pour procéder à l'étape de l'étourdissement et de la saignée, puis de la valorisation de la viande. Vous gagnerez bien entendu à être accompagné d'une personne compétente pour réaliser ces opérations délicates d'un point de vue du bien-être animal et en ce qui concerne les conditions sanitaires de la transformation de la viande.

Nous vous souhaitons une belle aventure en compagnie de vos cochons.

# Annexes

# TYPES D'ÉLEVAGES ET BIEN-ÊTRE ANIMAL

À côté des standards industriels, différents types d'élevages de qualité différenciée et présentant une plus-value pour le bien-être animal se sont développés. Le tableau ci-dessous reprend un comparatif de leurs principales caractéristiques.

En 2017, la part de Label rouge représentait 4 % de la production française de porc et la part d'agriculture biologique 0,5 %. Les États généraux de l'alimentation ont donné lieu à un engagement des éleveurs à atteindre respectivement 12 % de porcs sous Label rouge et 10 % de porcs bio d'ici 2027. La filière travaille sur une évolution du logo « le Porc Français », initialement créé pour mettre en avant l'origine française de la viande, de manière à intégrer des critères relatifs au bien-être mis en œuvre par l'ensemble des producteurs porcins.

<table>
<tr><th>Mention/critère</th><th>Standard</th><th>Label Rouge</th><th>Label Rouge Fermier</th><th>Agriculture biologique</th></tr>
<tr><td rowspan="2">Densité (place disponible par animal)</td><td>1 $m^2$ par porc de + de 110 kg</td><td>1,2 $m^2$ par porc de + de 110 kg</td><td>2,6 $m^2$ par porc</td><td>2,7 $m^2$ par porc de plus de 110 kg</td></tr>
<tr><td colspan="3">• 1,64 $m^2$ par cochette<br>• 2,25 $m^2$ par truie</td><td>• 2,5 $m^2$ par truie<br>• 6 $m^2$ par porc reproducteur<br>• 7,5 $m^2$ pour une truie et ses porcelets</td></tr>
<tr><td>Accès à l'extérieur</td><td colspan="2">Pas d'obligation</td><td>• 50 $m^2$ min par porc sur sol nu, 2 $m^2$ min sur sol bétonné.<br>• « Élevé en plein air » à partir de 17 semaines, min 83 $m^2$/porc « Élevé en liberté » : 250 $m^2$/porc</td><td>Accès permanent à une aire d'exercice au minimum paillée, 1,2 $m^2$ / porc de plus de 110 kg.</td></tr>
<tr><td>Conduite d'élevage</td><td colspan="3">Non défini</td><td>Castration sous anesthésie locale et analgésie.<br>Lait maternel pendant minimum 40 jours.</td></tr>
<tr><td>Âge à l'abattage</td><td>Non défini (en moyenne, 170 jours)</td><td colspan="2">Min 182 jours ou 80 kg</td><td>Non défini</td></tr>
<tr><td>Enrichissement de l'environnement</td><td>Matériaux manipulables, le plus souvent une chaîne en métal</td><td colspan="2">Sol sur litière, min 0,8 kg par porc et par jour</td><td>Max 25 % de caillebotis, litière de paille ou matériaux naturels</td></tr>
</table>

# ÉLEVER UN COCHON DE RACE NAINE

Plusieurs races de porcs sont aussi élevées comme animaux de compagnie, en particulier les races naines (cochons vietnamiens, Choctaw, Kunekune, Göttingen…). Un cochon « classique » adulte pèse entre 250 et 400 kg. Élever un animal d'un tel gabarit n'est pas à la portée de tous ! Il existe cependant des cochons miniatures appelés communément « cochons nains ». On les apprécie pour leur taille réduite, mais aussi pour leur caractère très sociable. La majorité pèse entre 60 et 80 kg, et certains (mais ils sont rares !), 35 kg à peine. Ils ont la queue droite, le ventre bedonnant, le dos ensellé et parfois la peau fripée. La couleur de la robe est variable, ainsi que la taille du groin, des oreilles, etc.
En France, les cochons nains regroupent principalement les cochons « de Nouvelle-Calédonie » (les plus courants, dont le « Kunekune »), les cochons « vietnamiens » (appelés aussi « cochons chinois » ou « cochons asiatiques ») et les cochons « américains ». Malgré leurs noms commerciaux, ils sont tous issus de croisements de races asiatiques. Attention aux arnaques : certains vendeurs font passer des jeunes porcs pour des cochons nains ! Certaines truies pouvant mettre bas de manière très précoce, vers 7 mois, on vous présente une mère de petite taille avec ses jeunes… Le gabarit d'un cochon se stabilise vers 3 ou 4 ans.

Les cochons nains peuvent être élevés comme animaux de compagnie, au même titre que les chats ou les chiens. Ils sont intelligents, curieux, affectueux, propres et rigolos. Il faut cependant avoir beaucoup de temps à leur consacrer, et bien les connaître pour leur proposer un mode de vie en adéquation avec leurs besoins. Il est aussi important de les « éduquer ». Adopter un cochon nain n'est pas un acte anodin et ne s'improvise pas : 70 % finissent par être abandonnés par leurs propriétaires ! Leur espérance de vie est d'une vingtaine d'années. D'après de nombreux témoignages, chien et cochon nain ne sont pas compatibles, car le cochon a tendance à provoquer le chien, ce qui peut tôt ou tard déclencher un conflit, avec souvent de lourdes blessures à la clé.
Au niveau alimentaire, la ration d'un cochon nain sera adaptée pour éviter un surpoids. Le plus souvent, les éleveurs ont recours à un aliment spécifique. On dit en général qu'il faut apporter entre 0,7 % à 2 % du poids de l'animal en nourritures variées (repas, herbe, friandises…). Le besoin d'espace est moindre, si bien que ces animaux peuvent être élevés « à la maison ».

Le refuge GroinGroin en France a réalisé un guide pratique du cochon nain reprenant de nombreux conseils spécifiques sur leur élevage. Il est consultable sur le site : https://groingroin.org/guide-du-cochon/

| Gabarit des cochons | Poids | Hauteur au garrot | Longueur |
|---|---|---|---|
| Cochon nain | (35 -) 60 – 80 kg | 35 – 55 cm | 80 – 120 cm |
| Cochon de ferme | 250 – 400 kg | 80 – 110 cm | 180 – 250 cm |

# INDEX

# BIBLIOGRAPHIE/WEBOGRAPHIE


## Livres

CALAIS N. et OSÉ C., *Plutôt Nourrir – L'appel d'une éleveuse*, Tana, 2022.

GRANDIN T, *L'interprète des animaux*, Odile Jacob, 2006.

LABORDE P., *Le porc*, Le Traité Rustica du Petit élevage, 2013 (p. 428-514).

MARTINEAU G.-P., *Maladies d'élevage des porcs, Manuel pratique,* France Agricole, 1997.

## Documents en ligne

AGRICULTURE & TERRITOIRES. 2013. Valorisation de viande et des produits transformés à base de porcs. Découpe pour la vente directe. (5 p.) https://aveyron.chambre-agriculture.fr/fileadmin/user_upload/National/FAL_commun/publications/Occitanie/Valorisation_Viande_Porc_2013_V2.pdf

BRUXELLES ENVIRONNEMENT. 2020. Bien-être des animaux de rentre et abattage. https://environnement.brussels/citoyen/reglementation/obligations-et-autorisations/bien-etre-des-animaux-de-rente-et-abattage

EUROPEAN COMMISSION, « Preparation of best practices on the protection of animals at the time of killing », Final Report (411 p.), 2017. https://www.researchgate.net/publication/322437132_Preparation_of_best_practices_on_the_protection_of_animals_at_the_time_of_killing_-_Final_report

HENROTTE B, GOFFIN S, CHAVAGNE S., *L'élevage porcin bio*, 2018 (87 p.) : https://www.biowallonie.com/wp-content/uploads/2018/06/Elevage_porcin_bio_guide-technique.pdf

MOERMAN M., *L'élevage de porcs en agriculture biologique. L'alimentation. Ce que la recherche nous apprend en matière de stratégie alimentaire,* 2017 (43 p.) : https://www.cra.wallonie.be/fr/lelevage-des-porcs-en-agriculture-biologique-lalimentation

## Articles

Groenen *et al.* 2012. *Analyses of pig genomes provide insight into porcine demography and evolution.* Nature 491, pages 393–398.

LACHAUD M., *Parlez-vous cochon ?* Sciences et Vie – juin 2022 (4 p.).

## Sites internet

- Welfarm : https://welfarm.fr/
- paillassonlecochon.com
- vigiferme.org
- racesdefrance.fr/porcs

# BONNES ADRESSES

## Centres d'insémination agréés

**En France**, ils sont répertoriés par le Ministère de l'Agriculture sur le site suivant : https://agriculture.gouv.fr/liste-des-etablissements-agrees-dans-le-domaine-veterinaire (voir : Liste des centres de collecte de sperme de l'espèce porcine agréés en application de l'article 101 du Règlement (UE) 2016/429).

**En Belgique**, il existe un seul centre agréé : le Centre d'Insémination Artificielle Porcine (CIAP) de la Province de Liège : Rue de Saint Remy, 5 – 4601 Argenteau – 04/279 51 50 – ciap-filiereporc@provincedeliege.be. Voir le site internet : https://www.provincedeliege.be/fr/agrulab/agriculteurs/filiere-porcine

# REMERCIEMENTS

Je souhaite remercier vivement les personnes qui ont contribué à la réalisation de cet ouvrage. Un merci particulier à Vanessa Martin et Pierre-Antoine Réveillard, éleveurs porcins respectivement en Belgique et en Anjou, qui ont apporté leur contribution pour certains visuels.

Merci à Noémie Calais, éleveuse de porcs noirs en bio, qui a tout de suite accepté de préfacer mon livre.

## EXTRAIT DU CATALOGUE TERRE VIVANTE

- **Des canards coureurs indiens dans mon jardin**
*Stop aux limaces !*
Sylvie La Spina

- **J'accueillerais bien un âne**
*Le choisir et en prendre soin*
Sandrine Lemaire

- **Petit élevage familial bio**
*Chèvre, mouton, basse-cour, âne, cheval, vache, cochon*
Anne Denis

- **Microferme**
*L'autonomie familiale à portée de main !*
Sally Morgan

- **L'autosuffisance, c'est possible !**
*Fruits, légumes, viande, œufs, plantes aromatiques et médicinales…*
Sally Nex

- **Mon fabuleux jardin en permaculture**
*Légumes, fruits, fleurs, petit élevage et art de vivre*
Marie Chioca

- **Petite encyclopédie de la poule et du poulailler**
*Zoom sur 40 races rustiques et productives*
Michel Audureau

**Poulailler sain pour poules en bonne santé**
*Guide de construction pas à pas*
Michel Audureau

- **Des fleurs et des pollinisateurs plein mon jardin**
*Accueillir, observer, comprendre, protéger*
Sylvie La Spina

- **Ma haie, refuge de biodiversité**
*Choisir, planter, observer*
Gilles Leblais

- **J'accueille et j'observe les oiseaux dans mon jardin**
*Des auxiliaires efficaces et sympathiques !*
Gilles Leblais

- **J'installe une ruche dans mon jardin**
*Je récolte mon miel, je protège les abeilles*
Claude Merle, Rémy Bacher et Jean-Jacques Raynal

- **Des auxiliaires dans mon jardin !**
*Les attirer, les loger, les nourrir*
Blaise Leclerc et Gilles Leblais

PEFC 10-31-1895

IMPRIM'VERT Votre imprimeur agit pour l'environnement

Achevé d'imprimer en France par Chirat (Saint-Just-la-Pendue)
Dépôt légal : mai 2023 – N° 202304.0221